少年儿童
健康成长面面观

郑敬畴 著

全国百佳图书出版单位
时代出版传媒股份有限公司
黄山书社

目　录

第一章　身心篇

第二章　学习篇(上)

——幼儿:玩得痴迷,就是学得专注

第三章　学习篇(中)

——“个性化教育”大放光彩

第四章　学习篇(下)

——筑就锦绣前程的新路径

第五章　父母篇

开　篇

奠定美好人生，有两大基石务必夯实！

基石之一：强健的体魄；

基石之二：健全的人格、积极乐观的人生态度、坚韧不拔的奋斗精神和管控自己的顽强毅力。

人生伊始，还要提防三大陷阱！

陷阱之一：身体羸弱；

陷阱之二：好逸恶劳；

陷阱之三：品德恶劣。

靠谁"夯实"和"提防"？

父母和老师！

育儿如同农民种庄稼——禾苗能否茁壮成长，一要看种子和土壤，二要看施肥和灌溉等"田间管理"是否科学。世人都明白：禾苗成长出现问题，除了种子问题外，绝大部分责任在栽培的农民身上。

想要庄稼获得大丰收，耕种者必须不断检视自己，想方设法改进不当的耕种方法，提高落后的管理水平——庄稼长好的唯一诀窍是：耕种者自己的功夫要下足！

如同农民种庄稼一样：家长和老师应时常检查和反省自己的育儿方法是否科学，是否有"滥施肥料"和"揠苗助长"的倾向。聪明的家长总是在不断自我反省而非责怪孩子！

果真如此吗？请打开本书细细品味……

序　言

2013 年夏天，应友人之邀，笔者给幼儿园老师和师范院校毕业生举办了几场讲座。顿时，自己在师范学校学习时的思考，在岗时给学生上课的愉悦，退休后面对中国教育所产生的困惑一并涌上心头。于是，我欣然接受邀约，在几场讲座中吐了个痛快！

此后几年，不时都有邀约。讲座的内容也由儿童转向青年学子，由在校学生转为企事业单位青年员工。我开始思考：人来到世上，最应该学的、有益于人一辈子的学问是什么？笔者教了一辈子书，以前是固守“传道、授业、解惑”之职责，然而在社会商业化色彩日益浓厚的今天，这传统之“道”被淡化了，所授之“业”也变味了，“解惑”变成了努力寻求“成事”——进名校的“妙方”，许多学校和教师一味地把全体学生往考“高分”进“名校”的路上引，这给许多学生的健康成长投下了阴影。须知：单纯的书本知识和现实生活中的生存本领是不能画等号的。

笔者悟出：人一生最重要的是要学会生存这门大学问。因此，笔者为讲座拟定的总题目是：漫话学习生存。

人的一生大致可以划分为三个阶段：第一，集中学习生存阶段——从出生到结束学业；第二，担责任做贡献阶段——从开始工作到退休；第三，自由飞翔阶段——从退休到生命终止。这种划分和表述是相对的。例如，生命的第一阶段也需要大力给孩子灌输和培养责任意识，后两个阶段也存在继续学习生存的问题。

本书讨论的是人生第一阶段的起始时期——少年儿童的健康

长成问题。少年儿童能否健康成长，涉及方方面面，但确定无疑的是：父母不仅给孩子以生命，在他们成长的起始时期，父母始终主导着他们成长的方向和路径，影响甚至决定着他们今后的生存方式、生活品质以及家庭幸福与否。

因此，本书的第一读者是少年儿童的父母和老师。其实，本书有关科学饮食、睡眠、运动等的介绍是面向所有人的。而“重视生命的长度”“厚植生命教育”“拉开人生差距的六道坎”等论述，也非常适合职业院校师生、普通高校师生及广大已入职的青年人阅读。

郑敬畴

欢呼教育改革新时代的来临

——写在前面的话

本书稿完成于2020年8月。2020年10月，笔者学习了中共中央、国务院印发的《深化新时代教育评价改革总体方案》（以下简称《方案》），喜不自禁，遂写了如下文字，算是《写在前面的话》。

让笔者兴奋的是，本书对中国教育的许多认知和评析，与《方案》都能一一对应。《方案》指斥中国教育患了“唯分数、唯升学、唯文凭、唯论文、唯帽子的顽瘴痼疾”，并一针见血地指出，“有什么样的评价指挥棒，就有什么样的办学导向”，《方案》将矛头径直对准高考这根指挥棒，多么令人欢欣鼓舞啊！笔者对中国教育一再上演的考试状元闹剧心生厌恶。本书第三章第一节不无嘲讽地写道：“在中国教育的层层比赛中，只有少数幸运儿能顺风顺水攀登到宝塔的顶层，于是他们被拥戴，被欢呼，被冠之以某某的桂冠，其光环令人炫目。”《方案》则明令规定：“严禁公布、宣传、炒作中高考‘状元’和升学率”，否则“依规依法问责追责”。本书第四章第一节论及的超越高考而拉开人生差距的六道坎，《方案》也多有强调。例如，《方案》强调“坚决改变用分数给学生贴标签的做法，创新德智体美劳过程性评价办法，完善综合素质评价体系”，“引导学生养成良好锻炼习惯和健康生活方式，锤炼坚强意志，培养合作精神”，“培养奋斗精神”，等等。这与笔者提出的六道坎中“培养健全的人格”“磨炼顽强坚毅的性格”“营造和谐共生的生存环境”和“培养管控自我的能力”等基本吻合。关于幼儿园教育，笔者认为，幼儿过早学习文化知识，妨碍他们的身体和大脑发育，并提出：幼儿玩得痴迷，就是学得专注。《方案》则指出，幼儿园教育要“克服小学化倾向”。最令人兴奋的是，《方案》为中低端人才，包括本书提及的中国教育的“弃儿”，提出了前进的路径和政策保障。例如，强调学校应“因材施教”，要扭转简单以考试成绩为唯一标准的招生模式；要扭转“唯名校”“唯学历”的用人导向，建立以品德和能力为导向、以岗位需求为目标的人才使用机制。此外，像师德师风、劳动教育、体育锻炼、职业教育等方面，本书与《方案》都能找到契合点。总之，《方案》的中心思想是“树人”，是强调含文化科学知识的素质教育，是德智体美劳全面发展。本书通篇都贯穿着这一主题，其每章每节散落的古今中外众多的正反面案例故事，仿佛成了《方案》的注脚。它给人以启迪，帮助人们更好地领会和贯彻中央文件精神，并最终明白：儿童健康成长的真谛是师长的人生态度和行为表现，它们会深深印刻在孩子的生命中，从而决定着孩子的人生态度和行为表现。这些案例将帮助家长自觉地更新育儿观念，革新育儿方法，尽快走出育儿误区；也能促使教师不断提高自己的综合素质，身体力行，自觉摆脱高考这根“魔法棒”的影响，从而更好地按《方案》要求，彻底革新教育教学的内容和方法。

如若如此，中国教育幸甚！少年儿童幸甚！子孙后代幸甚！

欢呼吧，一个充满希望的教育变革新时代已经来临！

第一章

身心篇

第一节　我国少年儿童健康状况不容乐观

一、身体健康

2020 年《新周刊》第 541 期发文介绍了《中国少年儿童发展状况》课题调研的四组数据。第一组，2015 年，我国学生平均每日在校时长：小学生 8.1 小时，初中生 11 小时。第二组，我国学生每周校外学习时间 13.8～17 小时，位居世界第一。第三组，6～17 岁的孩子中，有 62.9％睡眠时间不足 8 小时，其中 13～17 岁的孩子睡眠时长不足 8 小时的更高达 81.2％。第四组，以 2017 年为例，小学生近视率约为 40％，高中生、大学生近视率则高达 70％，居世界第一。文章最后呼吁："把童年和自由还给孩子！"

2017 年 11 月至 2018 年 10 月，重庆市体育科学研究所副调研员郭淳对 1280 名 3～18 岁受访者的骨龄、骨密度等体质监测数据进行统计分析，得出结论："除了心肺功能弱、心率恢复慢、耐力差等传统性体质问题外，骨密度低于同年龄标准值的高达 803 人，反映出当前青少年骨生长质量差等新问题。'手无缚鸡之力'现象突出！"。

另据中国教育科学研究院体卫艺研究所所长吴键介绍：国内青少年体质 20 多年来持续下滑。

以高血压为例，2020 年 4 月，我国发布的《特殊类型高血压临床诊治要点专家建议》指出：在我国，超重、肥胖在儿童青少年中越来越普遍，儿童青少年高血压患病率也逐渐升高。根据2010年全国学生体质调查报告显示，我国中小学生的高血压患病率为14.5%……在2015年的统计中则显示，中国儿童青少年高血压患病率上升到18.4%。据中山大学附属第一医院心内五科张焰主任介绍，肥胖儿童患上高血压的风险是正常体重儿童的4倍。

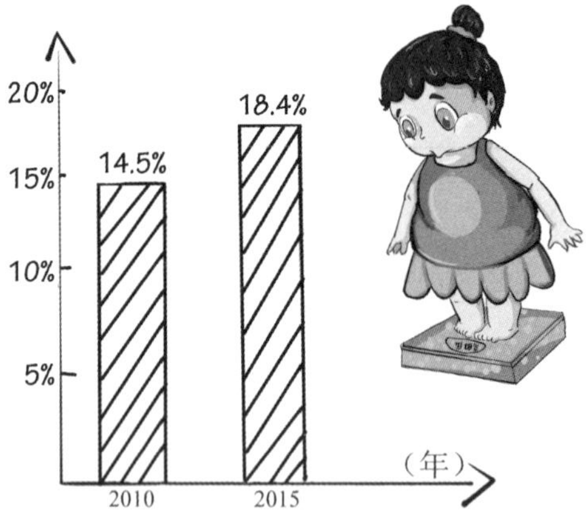

中国青少年高血压患病率逐渐升高

高血压能悄无声息地损害身体的组织和器官，减肥和运动则能使血压明显下降。

再以视力为例，早在2018年，中国就以重锤打响了青少年视力保卫战。据国家卫健委统计的数据显示，2018年，中国儿童青少年近视率已达到53.6%，其中，6岁儿童近视率高达14.5%。因此，许多专家提出：近视防治，端口一定要前移。

据新华社2018年8月28日报道，中共中央总书记习近平作出重要指示，指出我国学生近视呈现高发、低龄化趋势，严重影响孩子们的身心健康，这是一个关系国家和民族未来的大问题，必须高度重视，不能任其发展。随后，教育部、国家卫健委等八部门联合印发了《综合防控儿童青少年近视实施方案》。

《方案》严禁学生将个人手机、平板电脑等电子产品带入课堂，教学和布置作业不能依赖电子产品，原则上采用纸质作业；增加孩子户外活动和锻炼时间，减轻孩子课外学习负担，保障孩子睡眠和营养，纠正孩子不良读写姿势；每学期开展两次视力监测，及时更新儿童青少年视力健康电子档案。

二、心理健康

2013年9月1日，《合肥晚报》刊登两则噩耗。一名男孩、一名女孩先后轻生身亡，女孩即将升入小学六年级，男孩即将升入初中三年级。他们轻生的原因都是没完成暑假作业，迫于对开学交作业的恐惧，在同一座城市，竟有两位可爱的孩子在开学前的同一天自杀，这噩耗让人痛彻心扉。

2019年11月15日《中国青年报》报道，当年10月24日晚，成都一位14岁的初三学生，因为老师"语言攻击"而跳楼自杀。2020年放暑假前，常州市某小学一位女生，因为老师的作文批语而跳楼身亡。2021年5月出版的《家庭医生》（第10期）"轻生少年之痛"栏目，以6个版面对我国青少年的自杀问题做了深度报道，刊载的一些数据触目惊心——据统计，我国每年死于自杀的青少年约10万人，存在的危险趋势是：自杀的年龄在逐年下降，而中小学生的自杀率在上升。每年4、5、6、9月是轻生高峰期，原因是升级、升学压力大。有研究报告还显示，中学生有17.7％的人有过轻生念头，有7.3％的人有过轻生计划，有2.7％的人自杀未遂。家长管教失当，学习压力大，是两大轻生主因。报道注明数据来源为《中国教育发展报告（2018）》《中国教育发展报告（2014）》。我们暂不研究中国教育和少数教师出现了什么问题。我们想着重提醒老师和家长：这些孩子的心理是多么脆弱！暑假作业没完成——接受批评，抓紧时间补做就好。受到“语言攻击”，作文批语不当，可以对老师提出自己的看法——又何至于自己走绝路呢！

这样的孩子即使在类似事件中活下来，但如此脆弱的个性，能走好他们今后的人生道路吗？

笔者近年探访了戒毒所、少教所和精神病医院，看到那儿的青少年，心中不是滋味。他们之所以吸毒、犯罪，出现各种精神障碍，是在成长过程中人格发展出现了问题（本书后文有论述），从而引发了包括抑郁症、妄想症、狂躁症等种种心理疾病和极端自私、凶残等性格缺陷。

笔者认为，我国的少年儿童，心理危机大于学业危机；家长或老师的错误言行对他们造成的伤害，也是心理影响大于学业影响。可惜，这一问题没有引起应有的重视！

培养儿童健全的人格，使之心理健康，是迫在眉睫的事情。

第二节　饮食不当是伤害身体的凶手

一切生物都要靠获取适当的营养物质来维持生命。但如果供给失当——某些营养物质过多或缺失——就成为伤害其生命的凶手。人类在这方面受到的伤害，是其他动物，例如猴子所无法比拟的。

一、喂养幼儿——猴子与人类的异同

人类与猴子的婴幼儿时期有很多相似之处：有吃、喝、拉、撒、睡的生理需求；在呼气和吸气时能发出笑声（但人类在长大后就失去了吸气时发笑的功能）；出生后的相当长时间里都要靠父母喂养；等等。

二者的不同之处是：在接受初始"生存教育"方面，猴子比我们人类要"聪明"得多。母猴子在完成喂养小猴子的任务后，就着力传授它们攀爬和觅食的本领。这时的幼猴明白：今后的生存完全靠自己了。所以，无论山高坡陡，任凭刮风下雨，它们总能茁壮地成长，生存的本领也一天比一天渐长。在这一点上，我们有的家长的做法甚至要向母猴子学习。他们喂养幼儿不仅时间长，而且还放任孩子胡吃乱喝——不仅弱化了孩子独自生存的能力，还为日后的病痛埋下了祸根。

二、不良的饮食习惯严重危害青少年身体健康

美国约翰斯·霍普金斯大学教授、《全球营养报告》的主要作者范佐，在曼谷举办的食品国际大会上说："我们的饮食正在杀死我们。"《全球营养报告》研究表明：全球近五分之一的死亡是由不良饮食习惯造成的。其危害大过空气污染和吸烟——不良饮食造成的危害，西方人应该主要由自己负责，而中国人不良饮食的祸根是家长从小为孩子埋下的。

中国家长在喂养幼儿方面存在的问题可以归纳为：供给过剩和供给不足并存。在经济条件较好的家庭，吃饭时孩子往往不肯好好吃饭，家长总是端着饭碗跟在后面撵着喂。我们再看看鸟窝中的小鸟，鸟妈妈衔来食物，几只小鸟都伸长脖子张着嘴争着吃。为何会出现上面两种情况呢？因为孩子的供给过剩，小鸟的供给不足。正餐不肯好好吃饭，是因为家长为他们任意吃喝提供了条件——他们在不当的时间，吃下了许多不该吃的零食，他们胃里的食物还没有完全消化，身体贮存的过多营养还需要时间代谢。他们不肯吃饭，实际上是机体在做自我保护的应激反应。

究竟应该吃什么、吃多少、如何吃才科学呢？《中国居民膳食指南》（以下简称《指南》）中有明确的指导性意见。以停止母乳喂养的2～3岁幼儿为例，《指南》建议每天这样来安排他们的膳食：1.不少于相当于350ml液态奶的幼儿配方奶粉；2.蛋类、鱼虾类、畜禽肉类100g；3.米和面粉等谷类125g～150g；4.新鲜绿色、红色、黄色蔬菜和水果各150g～200g；5.烹饪用植物油20g～25g。关于幼儿食物如何烹制，每日主食、辅食如何定时定量，以及如何培养孩子良好的饮食习惯等，《指南》上都有很好的说明。

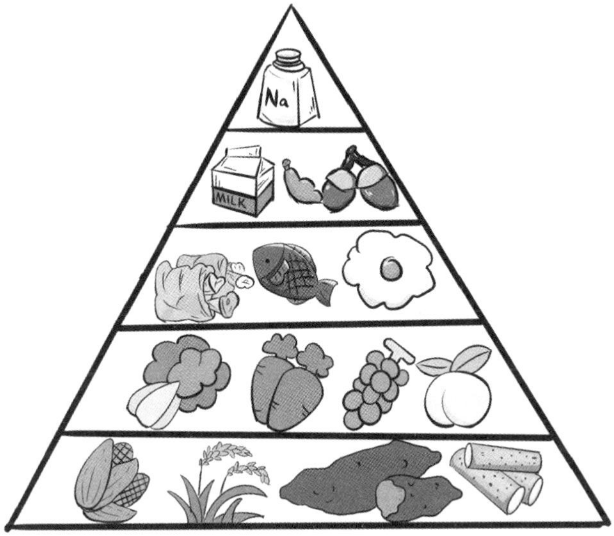

中国居民平衡膳食宝塔(2016)

2021年2月25日,中国营养学会组织编写的《中国居民膳食指南科学研究报告(2021)》正式发布。报告显示,膳食不平衡是慢性病发生的主要危险因素。肥胖已成为威胁我国居民健康的首要危险因素。此外,高糖摄入已成为青少年肥胖、糖尿病高发的主要危险因素。

2021年6月12日,英国《新科学家》周刊发表了一篇题为《究竟是什么让垃圾食品对我们有害?》的文章,阐述了如下三层意思:第一,何为超加工食品?超加工食品不仅包括通常被视为垃圾食品的东西,如薯条或冷冻比萨,还包括一些早餐麦片、汤、看起来健康的低脂肪、低盐即食食品,甚至还包括大多数种类的批量生产的面包。定义标准是,它们是用通常在家里不用的工艺制造的,例如使用盐酸生产的酸水解植物蛋白。它们还含有人工添加剂,如色素、甜味剂和增味剂,旨在使食物更美味。第二,垃圾食品危害大。最常进食超加工食品的人患有肥胖以及心脏病和糖尿病等疾病的风险更高。在一项持续 15 年的研究中，每天食用超过 4 份超加工食品，死亡风险增加 62%，每多吃一份，死亡风险增加 18%。第三，吃得越多越想吃。2019 年，美国的科学家做了一项有趣的实验：招募 20 名志愿者，前两周让他们吃超加工食品，后两周只让他们吃天然食物，包括水果、蔬菜、肉类和酸奶。结果显示：前两周每人平均增重 0.9 公斤，后两周则减重近 1 公斤。另外，吃垃圾食品，食量将越来越大。

现代文明社会给人类饮食带来了太多问题。现如今，食品种类太多太丰盛，但天然食品人们却吃得越来越少，加入太多添加剂的成品或半成品，以其色、香、味、形吸引消费者，侵蚀着人们健康的身体。幼儿自我控制能力尚弱，如果家长不帮助他们把控食物的质量和数量，往往会造成严重的后果：营养供给失去平衡，即有的方面过剩，有的方面缺乏。一般地说，蛋白质、脂肪、糖、盐摄入过多，看得见的危害是：小胖墩们皮下和内脏堆积了过多的脂肪，因而心肺功能弱化，行动笨拙；看不见的危害是：影响代谢，造成对肝、肾、胰腺和血管等器官的损害——儿童患高血压和糖尿病的例子已屡见不鲜。有的即使暂时不发病，但垃圾食品摄入过多，也会埋下隐患——这种损害是个渐进的过程，中老年人所患的"三高"病症，有的祸根就是在少儿时期埋下的。

摄入不足而导致缺乏的营养物质多为维生素和矿物质。这类被称为"隐性饥饿"的危害，往往不容易被人察觉，所以更应该加以关注。《北京青年报》2019 年 10 月 20 日刊发的一篇题为《我们为什么关注"隐性饥饿"》的文章写道："'隐性饥饿'是由于营养不平衡或者缺乏某种维生素及人体必需的矿物质，从而产生隐蔽性营养需求的饥饿症状。相较显性饥饿患者因能量、蛋白质、脂肪等摄入不足导致的营养不良，呈现出体重减少、瘦弱不堪的体态，隐性饥饿患者个体可能呈现出健康的体态，但隐性饥饿会增加癌症、糖尿病、心血管疾病等慢性病的风险（大约70%的慢性疾病与隐性饥饿有关），会影响人的智力、体力、免疫力以及造成出生缺陷，严重危害身体健康。”

可见，孩子们的饮食，不能只管吃饱喝足，最关键的是要吃对喝对。

儿童营养专家有关儿童营养均衡、科学喂养的论述颇多，笔者将其归纳为四点：烹调饭菜以蒸、煮、炖、煨为主，不吃油炸和烤制食品；养成定时定量吃主餐和辅餐的习惯，不随意吃零食，控制含糖食品摄入，尤其是睡前忌食甜食（防龋齿）；养成喜爱吃新鲜果蔬和清淡食物的习惯，不偏食不挑食；把白开水当成最好的饮料（每天应喝600～1000ml），最好不喝碳酸饮料和其他含糖高的饮料。

与那些随意让孩子吃喝的家长相反，有的家长严格按照育儿书上的要求喂养孩子，这看似科学，其实不然。因为同一年龄段的孩子，体重不同，食量也各不相同。即使是同一个孩子，不同时段活动量不一样，消耗的能量也不一样，因而每天的食量也有所不同，所以家长应遵循个体化、差异化原则。食谱上的食品，有的某日吃少了，甚至没吃，也无大碍，因为人体自身有调节功能。所谓营养均衡，是指在一定时间段的均衡，而不一定是顿顿均衡。

要想做到科学饮食，营养均衡，父母的表率作用对孩子的影响是第一位的。

强健的体魄和健康的心理，是奠定儿童一生幸福的坚固基石，而科学饮食是儿童健康成长、身体强壮的前提。

三、推广“食育”刻不容缓

中国科学院地理科学与资源研究所研究员成开魁认为，所谓食育，就是饮食知识和良好饮食习惯的培养教育，告诉孩子们吃什么、为什么吃、如何吃；就是从幼儿期开始，进行食物、食品相关知识的教育，并将这种饮食教育延伸到人格培养上。

2018 年 8 月 3 日《人民日报》报道：山东 271 教育集团所属潍坊翰声国际学校的校园里、楼顶上，种有各种蔬菜和小麦，专为学生“食育”课程提供实践场地。

开展食育教育以后，山东 271 教育集团所辖学校山东昌乐二中校园收集的厨余垃圾逐渐减少，泔水只有开食育课前的五分之一。在开展食育课程的云南昌乐实验中学，学生吃饭时喝生水、喝饮料等现象已经杜绝，在 2017—2018 年度的体检中比其他学校同级学生平均身高要高 1.4 厘米，而且肥胖率不到国家平均值的五分之一。

第三节　运动是强身健体的利器

一、我国青少年的生存现状与人类的生存智慧相悖

在古希腊埃拉多斯山岩上刻着这样几句话：如果你想强壮，跑步吧！如果你想健美，跑步吧！如果你想聪明，跑步吧！

古希腊医师、西方医学奠基人希波克拉底（约前460—前370）说：阳光、空气、水和运动，是生命和健康的源泉。

这些是人类生存智慧的结晶，它应该指引全人类世世代代在地球上很好地生存，但在我国的一些地方，人们丢弃这些智慧，一年又一年地做着伤害我们子孙后代身心健康的事情。

国务院办公厅在2019年8月10日印发了《体育强国建设纲要》的通知。通知指出要推行《国家体育锻炼标准》和《国家学生体质健康标准》，将促进青少年提高身体素质和养成健康生活方式作为学校体育教育的重要内容，把学生体质健康水平纳入政府、教育行政部门、学校的考核体系，全面实施青少年体育活动促进计划。"努力将体育建设成为中华民族伟大复兴的标志性事业"。

政府发出这一带有强制性的指令，是因为事关重大。国内青少年体质二十多年持续下滑，如任其发展下去，就有可能造成中华民族另一种生存危机。

中国青少年体质之所以持续下滑，是因为中国教育出现了偏

差——全社会形成的浓厚的教育氛围，即青少年的成长氛围，是错把考高分、进名校与否同今后一辈子的幸福与否画上了等号。因而，在教育领域出现了许多本是奇怪的事例，却受到了人们的赞许。试看以下事例：

事例一：《武汉晨报》2013 年 7 月报道过一则“最着急妈妈为娃报 17 个班”的新闻。许女士儿子时年 5 岁半，从半岁开始，妈妈先后为他报了 17 个培优班。学习的课程有：英语、识字（含拼音）、数学、声乐、绘画、表演、手工等。累计花去近 12 万元。

事例二：另有一家媒体报道，河北省衡水市某中学女生宿舍楼，为预防学生轻生跳楼，将走廊用钢筋焊封起来——有人指着图片问：这是学校，还是监狱？

中国的小学生、中学生为考高分、进名校，像战壕中的战士一样，手握钢枪，随时准备冲锋迎敌，他们过早地被剥夺了少儿的天真、青年的快乐。在他们身上少见“人”的活力和“灵性”，多见“物”的机械运动——他们作为“人”，已经被“物”化了。

为了拼“成事”（进名校），他们不得不减少睡眠时间，还谈论什么体育运动。正在生长发育的初始阶段，他们却每天从早到晚做着伤害自己身心健康的事情——有位小学三年级女生，时常肚子痛，有时痛得在地上打滚。到多家医院去诊治，就是查不出病因，治不好病。后来看儿童心理门诊。龚云医生在了解病情后，开出的“处方”是：退掉培训班，多玩耍——此妙方竟然轻易地治好了孩子的腹痛病症。这可不是人们在说笑话！这是 2021 年 6 月 24 日《钱江晚报》公众号上的文章。

原来这位叫悠悠的女孩，只要某门课成绩稍有下降，爸妈就给她增报培训班。她因此产生巨大的压力，一紧张，肚子就痛——我们的教育，已经把我们的孩子折腾到何种地步！多年以前，有识之士就在呼吁中国教育要扭转这一危险倾向。但高考指挥棒的惯性力量太强大，有识之士的呼声难以撼动家长们"此生非中举不可"的范进情结。

中国教育的问题，已经到了非解决不可的时候了。近年来，高考改革的呼声日高，有的地方已经在尝试一条新路。中央政府、党和国家领导人也在不断发声，中国各级各类学校改革的曙光已经初露，大力加强学校的体育教育势在必行，少年儿童室外活动的时间必须要予以保证。

二、成长规律需要少年儿童格外重视体育运动

科学测试表明：人的心肺功能在 25 岁时达到峰值，以后每 10 年下降 5%～15%（笔者注：降 15%是极个别案例）。其他内脏器官以及肌肉、骨骼等都在青少年时期达到峰值，以后随着年龄增长逐渐衰弱。因此，幼儿和青少年锻炼身体意义更加重大——力争让他们在达到峰值时，骨骼更强壮、肌肉更发达、内脏更强健。

青少年时期坚持运动，受益是终身的——各种功能数值达到峰值最大化的人到晚年时，更能抗拒各种老年病，许多人仍然会身强体壮，精力充沛，行动自如。

上海体育学院院长陈佩杰先生在解读世界卫生组织发布的《2013 全球运动健身建议》时，说到了科学运动与身体健康的密切关系，给人以深刻的启示，现摘编如下：

1. 12 岁之前，培养孩子热爱含技术性动作的有关运动，如乒

乓球、篮球、排球、足球等。技术性动作强的运动，能锻炼神经支配动作的协调性。其体育技能，随着神经系统的生长发育，会刻在大脑皮质中，形成条件反射的“动力定型”，从而让孩子爱上这项运动并且终身受益。

2. 12～17岁，心肺功能开始发育完善，可进行耐力性长跑等运动。

3. 18～64岁，运动的目的是增强心肺、肌肉和骨骼健康。每天运动30分钟，就有明显效果——坚持运动可使心肌纤维变得粗大有力，心脏收缩力增强，心率减慢，排血量增加，使心肺本身的血液供给得到改善，整个循环系统的功能都受益。

每周中断运动一般不能多于两天。

三、“运动第一，学习第二”对青少年产生的巨大作用

体育运动耽误时间，影响文化课学习吗？答案是恰好相反。有一则见诸报端的小故事：

某幼儿园中班的一位小男孩，因身材瘦小，总是显得胆怯，与同伴不合群。一次幼儿园举办运动会，他竟得了跳远第一名，得到老师和同学的赞扬。从此，他变得开朗了，与同学的交往也积极主动了。专家解释道：“孩子的体能自尊被激发了。”脑科学家洪兰教授说：运动会刺激身体分泌多种积极物质，开发智力。孩子的思维能力、自控力、耐力、竞争力、合作能力也会随之提高。

果真如此！难怪举世闻名的英国伊顿公学崇尚“运动第一，学习第二”。2021年2月25日《中国教育报》刊发了一篇题为《重视

体育:英美家校合作的最大共识》的文章。文章抄录了伊顿公学的一段名言:“学会赢,也学会输;学会去领导,也学会被领导;学会做极致的自己,也学会做团队的一员;学会什么时候去奋争,也学会什么时候去承认失败。这些,都是我们成为一个人要学习的内容。”文章还介绍,近400年来,体育精神已成为西方教育的精髓。所谓“家校的最大共识”是指,双方都认识到“体育可以让孩子用感知力发现自己、用责任感培育团队、用领导力改变世界”。家长认为,“身体的快乐最重要”,应“让孩子充分游戏和玩乐”。假期孩子们不是忙于做作业,而是参加夏令营,内容多是运动和艺术。学校重视体育,仅从一斑就可窥知全豹:英美中小学上午10点左右会有一个类似于大课间的安排,约40分钟,学校规定的唯一一条纪律是:“不许待在教室,必须外出活动。”

英国另一所老牌公学贝德福德公学(成立于1552年,男校,招收7～18岁学生)长盛不衰的秘诀是专注培养学生的独立思考能力和社会责任感——体育在这方面起着重要作用。该校有30个网球场及其他运动场。学生都热爱体育运动。校长霍格森认为,体育能对一个人的自信、自尊、团队合作精神、意志力等进行锻炼,与其他各项课程也能相互促进。

下文将列举中外实例来证明霍格森校长见解的科学性。

全惠星　被誉为“韩国首席妈妈”。她先后将6个孩子培养成哈佛大学和耶鲁大学的博士。这位妈妈“教子绝招”的首要一条就是锻炼他们的身体,使之强健。大约从3岁起,她就用一套近似“残酷”的办法来训练孩子,包括晨跑、举重、攀岩,甚至洗冷水澡。

她的 6 个孩子，从小身体强健，几乎从不生病。她的大女儿深有感触地说："我与同学们相比并不聪明，但强壮的身体使我在实验室能连续待上两天两夜不休息，这是我成绩名列前茅的原因。"

王宇　2018 年雅加达亚运会男子跳高冠军。他 2010 年获得清华大学体育特长生保送资格，但他拒绝走这一捷径，坚持参加高考，后以优异成绩被清华大学录取。2018 年 7 月，清华大学硕士毕业。

邵婷　2008 年考入北京师范大学，被选为学校女子篮球队队长。此后，又入选国家女子篮球队并任队长。在 2018 年雅加达亚运会上，她投篮砍下 17 分，时隔八年我国女篮重新夺冠。进入国家队后，仍继续攻读教育学硕士、博士学位。

第一例，是以体育为先，打好人生奋进的坚实基础，孩子从而茁壮成长，取得优异成绩。第二、第三例，是体育与学业相得益彰的最有说服力的例证。

目前，中国的教育改革在大力加强学校体育工作方面也正在与国际接轨。2019 年 12 月 27 日，云南省教育厅发布《关于进一步深化高中阶段学校考试招生制度改革的实施意见》，计划将中考体育上调至 100 分，与语文、数学、英语三大科目一样。

如果时间也是一种资源，少年儿童在学校正常上课之外，再投入过多的时间去上课外补习班，那么孩子的户外运动时间就会大大减少。而用等值的时间去锻炼身体，让各个器官、组织发育达到峰值即最大瞬间值，这样，不仅可以使身体健康，还可愉悦精神，转而促进智力发展，培养健全的人格，磨炼顽强的毅力——这将是受益终身的。家长们，让孩子把过多的补课时间用来锻炼身体吧！

第四节　睡眠及其与长高和健脑的关系

一、睡眠

关于睡眠，应重视的有两点：一是睡眠时间，二是睡眠质量。

睡眠时间　据西班牙《阿贝赛报》网站2020年9月23日的一篇文章介绍，美国国家睡眠基金会指出："1～2岁的婴幼儿，每天应睡11～14小时；3～5岁的幼儿，每天应睡10～13小时；6～13岁儿童，每天应睡9～11小时；14～17岁青少年，每天应睡8～10小时；18～64岁的成年人，每天应睡7～9小时……"

我国教育部要求：小学生每天睡眠时间应达到10小时，初中生应达到9小时，高中生应达到8小时。

幼儿园的孩子，应在晚8时或以前入睡（还应辅以午睡）；小学生的入睡时间以晚8～9时为宜；初中生应在晚9～10时入睡；高中生应在晚10～11时入睡。

上述文章指出：免疫学家认为，"良好的睡眠卫生有利于昼夜节律的正常运转，同时还可以产生白细胞发育所必需的褪黑素。睡眠不足会弱化我们对初次接触的病原体的免疫反应。相反，充足的睡眠有助于预防感染"。

《医药养生保健报》（2020年1月9日）发表的《睡眠不足危害巨大》一文，介绍了国外关于睡眠的两项研究成果。

第一项，瑞典的学者发现，整夜不睡觉，会使脑部有毒物质的浓度增加，这样的损害不亚于被钝器击打。第二项，美国一份新发布的资料显示，长时间睡眠不足会引起脑细胞死亡。周末补觉并不会修复损伤，而长时间的睡眠不足还会增加患阿尔茨海默病的风险。此外，睡眠不足还会损伤皮肤，损伤肝脏，使人容易长胖，导致记忆力下降，增加患癌风险，使肠胃易患病，影响生育能力。

睡眠质量　芝加哥大学研究人员记录了志愿者睡眠时的脑电波。在睡眠时，人体首先进入慢波睡眠期(即所谓浅睡眠)，然后进入快眼动(指眼球在紧闭的眼睛后面快速来回移动)睡眠期(即所谓深睡眠)。慢波睡眠与快眼动睡眠交替出现。慢波睡眠大多无梦，而栩栩如生的梦境多出现在快眼动睡眠中。夜里 12 点以后的两三个小时，人体一般都是处于快眼动亦即深睡眠之中。睡眠不好，例如熬夜者，其睡眠的节律是紊乱的。对于青少年来说，这将影响他们的正常发育，也影响白天的学习效率。

二、睡眠对身高的影响

睡眠对儿童生长发育有重大影响。例如，生长激素能影响孩子的身高。睡眠充足且质量高，生长激素分泌的频率就快，并且浓度也高，这十分有利于孩子长个子。生长激素分泌在一天中有两个高峰期：一是夜里 12 时后的若干时间段，另一个是凌晨 5 时前后。所以，少年儿童要有一个强壮的身体，他们既不能晚睡，也不宜早起，否则，生长激素的分泌就会减少，影响孩子的身高，进而影响他们的身心健康。

三、睡眠对大脑健康至关重要

《睡眠对大脑健康至关重要》是 2020 年 9 月 22 日《参考消息》上的一篇文章。文章介绍了美国加利福尼亚大学洛杉矶分校范·萨维奇教授等人的研究成果。他们对 60 多项睡眠研究的数据进行了统计分析，研究了睡眠时间、快速眼动睡眠的持续时间等，并设计了一个关于睡眠在发育过程中如何变化的数学模型。他们发现："人在 2.4 岁左右，睡眠的主要功能突然发生变化，从促进大脑发育转变为对大脑的维护和修复。""在 REM(快速眼动)睡眠过程中，大脑通过建立和加强突触——神经细胞(即神经元)之间的连接点来形成新的神经连接，从而使其能够进行交流、加强学习和巩固记忆。在睡觉时，大脑还能修复每天少量的神经系统损伤(一般是受损的神经元内部基因和蛋白质)，并清除积累的副产品。"

范·萨维奇说："整个动物世界都需要睡眠，睡眠就像吃饭和呼吸一样几乎到处可见。我认为这是人类健康的支柱。"

第五节 重视生命的长度:两组数据触目惊心

为再次强调强健的身体——身心完全健康——对奠定美好人生的决定性作用,笔者搜集了两组具有强烈对照意义的事例,以期对那些仍然围绕高考指挥棒的教育工作者以警醒。

第一组 短促寿命者令人惋惜

张首晟 1963 年出生,15 岁初中尚未毕业,便于 1978 年考入复旦大学物理系,大学二年级被保送到德国柏林自由大学,攻读理论物理。33 岁被聘为斯坦福大学终身教授,2013 年被中国科学院聘为外籍院士,2015 年被聘为美国科学院院士。学术界认为,张首晟早晚会拿诺贝尔奖。不幸的是,他于 2018 年 12 月 1 日因抑郁症自杀身亡,时年 55 岁。

李德威 1962 年出生,32 岁被中国地质大学破格晋升为教授。他提出地壳运动“层流构造假说”,挑战传统的“板块构造假说”。他的突出成就是研究、开发被称为第三次能源革命的新能源——地热能。2018 年 3 月,他领导的团队在海南琼北打出中国第一口干热岩钻井。就在他们准备迎接更大胜利的时候,他却因劳累过度于 2018 年 9 月 14 日离世,时年 56 岁。

李德威为何英年早逝？他的研究生回忆，一次在西藏做地质调查，他怀疑一个数据，坚持回去重新核查，结果走了一夜，第二天天亮才赶回营地。2004年夏天，一次在野外考察，他胃出血，痛得趴在地上动弹不得，但稍好一些又继续行走，他不听劝阻，不肯休养，仍坚持每天在山地赶路20公里。

像李德威一样，为国捐躯者还有享有国际盛誉的战略科学家黄大年，去世时仅59岁，他夜以继日，忘我工作，同事都称他为“拼命黄郎”；歼-15舰载机研发项目总负责人罗阳亦是这样的捐躯者，去世时才51岁。

像他们这样成绩卓著、英年早逝的科学家，还可以列出一长串名单，真令人扼腕叹息！更让人揪心的是，在他们身后的继任者中，也不乏像他们那样“忘我”而“献身”的“拼命张郎”“拼命李郎”……

第二组 健康长寿者令人仰慕

与他们形成鲜明对照的是那些健康长寿的科学家，像黄旭华、吴孟超等，他们给我们的是另一种启示。

黄旭华 1926年生，中国工程院院士，被称为“中国核潜艇之父”。2019年度国家最高科学技术奖获得者。如今已95岁高龄，仍精神抖擞地去“上班”，继续为发展我国核潜艇事业贡献智慧和力量。

吴孟超 1922年生，中国科学院院士，被誉为“中国肝胆外科之父”。2005年，获得国家最高科学技术奖，被评为“感动中国2011年度人物”。2018年7月，他参加中央电视台《朗读者》节目，时年96岁，仍坚持每周做3台手术。2019年1月14日，他办理了院士退休手续。他说，院士退休是国家的政策，而做医生是一辈子都不会退休的。此后，他仍继续上班，继续做手术，继续为病人解除病痛，直到2021年5月22日去世，享年99岁。

我们来粗略统计分析一下吴老履历中的一些数据，便会明白人生中一些常被忽略了的非常浅显的大道理。

他1949年毕业于原同济大学医学院(今华中科技大学同济医学院)并于同年参加工作。1982年按常规他已60岁，该退休了。这时他工作了33年。从1982年到2020年，他又工作了38年。笔者提醒大家注意的是：以1982年为界，后一段时间长于前一段时间，更重要的是，他的光辉业绩和丰硕成果主要是后38年取得的。两百多年前法国启蒙思想家卢梭说得好：青年是学习智慧的时期，老年则是运用智慧的时期。吴老的人生精准地印证了这一点。他获得各种奖励25项，出版著作15部，发表论文近千篇——大部分都是1982年以后发生的事。而被认为“实现了他人生事业的第二次飞跃”是1993年。第17606号小行星被永久命名为“吴孟超星”是在2010年。吴孟超已培养博士后研究员23人，博士67人，硕士85人。显然，这些研究生绝大部分都是他1982年60岁以后培养的。

可见，奠定美好人生，实现人生价值最大化的关键性因素，不是生命短时间爆发力的强度，而是生命的长度。在这方面，吴老堪称人类生存的榜样。人的一生，或许可以用一个简单的生存公式来表述，即：人生总价值＝工作业绩/年×有效工作年限

这一公式清晰地表明：即使每年业绩再大，但生命短促，其人生全

部价值，或曰取得的人生总成就也是有限的。只有乘数、被乘数都大，乘积才能足够大——在这里，有效工作年限或曰生命的长度更重要。

下述事例也足以证明这一论断：

2019 年诺贝尔化学奖得主约翰·古迪纳夫，时年 97 岁，是迄今为止，获奖时年龄最大的诺贝尔奖得主。他被尊为“锂电池之父”。他能取得巨大成就在于，他不紧不慢地“折腾”着他的电池大业：30 岁入行，58 岁研究出“钴酸锂”，75 岁研究出“磷酸铁锂”，94 岁研究出“全固态电池”。获诺贝尔奖不是他的目标，他的目标是制造出可以使电动汽车代替汽油车的高容量电池。目前，他仍在不紧不慢地向这一目标奋进，他说：“我们中有些人就像是乌龟，走得慢，一路挣扎。但这些乌龟必须继续爬下去。”

可见，有一个强壮健康的身体到一百岁还在奋进是多么美好的事！

2015 年 3 月 24 日《广州日报》刊发了一篇题为《100 岁能干啥》的短文，文章介绍了马识途、杨绛、邵逸夫和周有光等几位老人。当时，4 位老人除邵逸夫已经仙逝外，其余 3 人老当益壮，生活丰富多彩，在创造着生命的奇迹。

马识途　当代著名作家、诗人、书法家。时年 100 岁，每天坚持锻炼，读报、看书、练习书法和写作。在百岁生日当天举行了书法义展，卖出 230 多万元，全部捐给了四川大学文学与新闻学院。

杨绛　著名作家、翻译家、外国文学研究专家，精通英语、法语、西班牙语。时年105岁，每天在家里养花、锻炼、读书、写作。102岁出版了250万字的《杨绛文集》八卷。103岁为她早年小说《洗澡》写了续集《洗澡之后》。

周有光　时年110岁，被誉为“汉语拼音之父”。他早年研究经济学，49岁后受命专职从事语言文字研究，85岁后开始研究文化学。他不仅生活能自理，而且每天读报、看书、写作。100岁时他出版了《百岁新稿》，105岁时出版了《朝闻道集》，106岁时又出版了《拾贝集》。他还十分关注科技前沿的新成果，不断有新的学术文章问世。

邵逸夫　香港著名爱国企业家。内地很多学校都有他捐建的图书馆楼。2011年12月31日，时年104岁的邵逸夫卸任公司董事局主席，成为全球最长寿、任期时间最长的上市公司CEO。

第六节　厚植生命教育

一、关于学校思想政治工作的思考

2021年3月6日下午，习近平总书记在参加全国政协十三届四次会议医药卫生界、教育界委员联组会时强调“教育是国之大计、党之大计”，应“坚守为党育人、为国育才”，阐明了立德树人是教育的根本任务，应把立德树人融入各级各类学校教育的全过程。“教师是教育工作中的中坚力量。有高质量的教师，才会有高质量的教育”，“广大思想政治课理论教师，政治要强、情怀要深、思维要新、视野要广、自律要严、人格要正”。

习总书记的讲话，是办好新时代中国教育和做好学校思想政治工作的指南。学习习近平总书记的讲话，回顾我国的教育实践，有太多的教训值得我们深刻反思。例如，全社会长期专注于“五唯”，几乎是误导人们忘记了教育“树人”这一根本任务。现在，我们应全力纠正这一危险倾向。

贾平凹先生有一篇文章《庙里的小学》，读完之后勾起了笔者的回忆——新中国成立后，笔者上的小学也是在庙里，那如父如母般老师的音容笑貌，至今仍栩栩如生地浮现在脑海中。

五岁那年，娘牵着我去报名，学校里不收，我就抱住报名室的桌子腿哭，老师都围着我笑，最后就收下了……我跪下就磕（头）了。那个女老师倒把我抱起来，我以为她要揪我的耳朵了，那胖胖的、有着肉窝子的手，一捏，却将我的鼻涕捏去了。

我那时最爱语文，尤其爱造句，每一个造句都要写得很长，但……同学们都说我是错别字大王，老师却表扬我，说我脑子灵活，每次作业都批“优秀”。

学写大字也是我最喜欢的课，但我没有毛笔……老师就送给我一支……老师就将我的大字贴在教室的墙上，后来又在寺庙的高年级教室展览过。她还领着我去让高年级学生参观。

娘给父亲写信，以前都找老师写。到了二年级下半学期，她说：“你现在能造句了，怎么不学着给你父亲写信呢？……你家里有什么事情，你就写什么，不要考虑格式！”

……

寒假里，同学们都去挖药、砍柴卖钱，商量春节给老师买些年画拜年。到了腊月三十日中午，我们拿着一卷子年画，还有一串鞭炮去找老师。但是，校长说她调走了。校长拿出一包水果糖来……她让开学后发给我们每人一颗。我们就都哭了。

读完全文，我们不知道这位老师姓什么，但这并不重要。重要的是她那慈母般的举止和谆谆教诲，至今仍深深刻印在一位古稀老人的心头，也刻印在今天读者的心头！她用那有肉窝子的手将“我”的鼻涕捏去，送给“我”一支笔，为了让高年级学生看清我这个小书法作者，她还领着“我”去让高年级学生参观……这些记忆是一个人终生都挥之不去的。她人走了，还惦念着买糖让校长给我们每人发一颗。这不仅令当时的孩子们哭了，我们今天的读者读后也是感慨万千！

喜欢造长句子，而且是错别字大王。在今天有的老师眼里，这是小学低年级学生做作业不踏实。而这位老师却夸“我脑子灵活”，作业总批“优秀”。我们可以推断，贾先生热爱写作的最初种子就是这位老师种下的。贾先生写好给父亲的第一封信，老师的话影响了他一辈子：“她说：‘长大写文章，你就按这路子写，不要被什么格式套住你，想写什么就写什么，熟悉什么就写什么，写清、写具体就好了。’我从那时起就记住了老师的话，之所以如今我还能写些小说、散文，老师当年的话对我影响很大。”

贾先生在大学学的是中文，他一定听过“作文技法”之类的课，但指引他走上写作之路，并深深影响他创作道路的，不是“作文技法”，而是这位小学老师教给他的关于写作的朴实语言。这不是良师是什么？

感谢贾先生，为我们讲述了 20 世纪 50 年代一位优秀小学教师教书育人的感人故事——她可能没被评过什么优秀，也可能没获过什么奖，却是著名作家贾平凹心中最好的老师！

陈老师是合肥市肥西县某小学的退休教师。前不久，该校举办教书育人经验交流会。陈老师作为经验丰富的资深老教师，在会上有段精彩的演讲，其中最让人感动的文字是：小学老师不仅在行为规范上应是社会的楷模，对学生而言，他们更应是“父母的替身”。好一个“父母的替身”！那些“留守儿童”，需要这样的“替身”来滋润心田，那些自身“发育不良”的父母，他们对孩子动辄咆哮，致使孩子对这样的家长产生的不是依恋而是恐惧。这时，学校的

“替身”就能“替补”他们从未感受到的“慈父慈母”之爱——这能从根本上改变一个人的命运！

陈老师详述了在历届入学的新生中，有些稚嫩的幼苗在成长过程中受到各种因素的影响而不能正常生长。于是，她用慈祥的母爱，来浇灌这些“问题”幼苗，终于拨正了他们的成长方向——其中就有现在的合肥工业大学、中国科技大学的知名教授。

陈老师、贾平凹先生和笔者都是新中国成立后上的小学，我们都享受了20世纪50年代老师如父如母般的哺育，我们这一辈子都深切怀念启蒙老师的恩德。陈老师更为有幸的是，她继承了自己老师的慈爱，一辈子充当了孩子们慈母的“替身”——这种品格，但愿现在和未来的人类灵魂工程师们，能一代一代传承下去！

习总书记在2021年全国两会上对老师提出的希望是：“做老师就要执着于教书育人，有热爱教育的定力、淡泊名利的坚守，就要有理想信念、有道德情操、有扎实学识、有仁爱之心。”“自律要严，人格要正”，这样，才能“培根铸魂、启智润心”。

新中国成立后一个相当长的时期，基础教育老师的责任意识，自我约束的行为表现，对学生的关爱和影响，是符合习总书记这些要求的。

“文化大革命”中那种标语口号式的思想政治教育，那种搞运动式的德育活动，包括评比、表彰，都为功利主义者钻进神圣的德育殿堂打开了大门，为变色龙式的人物提供了变色的土壤——他们善于揣摩领导心理，审时度势，总是能在这类活动中钻营。

培养出上述这些人，作为老一辈教育工作者，我们很痛心、懊丧和无奈。有人说，基础教育是提高民族素质的奠基性工程；还有人说，国家的强盛，在小学老师的讲台上。我们痛心疾首之后的反思是：我国的基础教育出现了偏差，尤其是中小学的思想品德养成教育出现了问题。中国教育出现的诸多问题，包括滋生出前文提及的“恶魔式”高才生，都是我们用“五唯”取代“树人”所造成的恶果，中国的教育界应该警醒和反省了！

据说，有的老师批改和评价学生作文时，常将作文有没有宣传“正能量”作为一个最重要的评判标准。由此，产生了对“正能量”的不同理解。

“正能量”与“主旋律”是两个不同的概念。例如，宣传社会主义核心价值观，是弘扬主旋律；号召学习共产党人的奉献精神，是在推崇主旋律。主旋律具有先进性、导向性。在表述上，主旋律的含义具有一定的约束性，也就是说，不是什么都可以称为主旋律。而正能量的含义要宽泛得多，很难用文字来做一个清晰的界定。

依笔者之见，正能量的负面清单主要有：国家法律、法规、政策禁止的，违背社会道德、习俗以及损害国人身心健康的，等等。在宣传思想教育的广泛领域，在哲学社会科学研究的广泛领域，在文学艺术创作的广泛领域，都应该提倡多样性、丰富性和生动性。如同经济领域既有国有经济、集体经济也有个体经济、私营经济、外资经济等其他形式——多种经济体协同发展齐头并进，我国的社会主义经济才能树大根深叶茂。

倘若把正能量等同于主旋律，就如同经济上只允许国有、集体经济发展，而不允许其他经济存在一样，其结果是国有、集体经济也发展不起来，我国整体经济将出现如同改革开放之前一样的糟糕局面。

因此，在社会生活中，在思想政治教育中，在精神文明建设领域，应遵循的原则是：允许多种思想观念的存在，甚至应提倡和鼓励多样性、丰富性和生动性。那种自己头脑僵化，还固执地只要不符合自己口味就给予当头一棒的做法，可能会产生严重的后果。这后果小到直接被棒打的个体会受到“硬”伤，大到统一用一种类型的模具，来铸造众多的灵魂，伤害的是一代人，这个群体受的是“软”伤——失去活力和灵性。

莫言先生有一篇题为《哭》的文章，说的是 20 世纪 60 年代学校组织他们三年级的小学生参观苦难展览。在老师的引领下，学生们放声大哭。为了能让老师看到“我”的表现，“我”舍不得擦去脸上的泪水。“我”看到有几位同学悄悄将唾沫抹到脸上冒充泪水，只有一位同学一脸惊讶没有哭。事后，“我”向老师报告了这位同学的行为。为此，学校给了这位同学一个警告处分。多年后，“我”得知，向老师检举这位同学不哭的竟有十几个同学，而这位被处分的同学十几年前就去世了。我们应牢记莫言先生《哭》一文所揭示的沉痛教训：在老师的引领下，小学三年级学生将口水抹在脸上，伪装痛哭，以此获取表彰——难道我们在对学生的思想政治教育中，还能再重蹈覆辙吗？

本书第三章第三节写的爱迪生被学校开除，正是教师头脑僵化，不能容忍学生违反自己心目中的传统和规矩，而表现出另类的思想和行为——教师险些扼杀了这位天才的发明家。21 世纪的我们，千万不能再做这样的蠢事了。

弘扬多样性、丰富性和生动性，能够产生奇思妙想，能够孕育批判性思维和创造精神。未来的一些思想家和科学家，也许就是从这些具有批判性思维和创造精神的人当中成长起来的。

师长们,千万不要对有“另类”思想和行为的孩子进行棒喝!

可喜的是,新一代的教育工作者正努力探索德育工作的新方法,用潜移默化的方式来改变孩子的老师大有人在。

《教育文汇》曾发表一篇题为《换一种方式》的文章,作者是淮南市潘集区一位小学老师。文章写她班上一位小男孩,学习不要老师操心,还热爱劳动,文体活动也是他的强项。其缺点是,“和同桌总是‘战事’不断”,“字写得不够漂亮”。文章细致描述了师生在作业本上多次互作批注的详情。事情的起因是,这个小男孩作业写得龙飞凤舞,老师要他擦掉认真写。他没有及时重写,而且躲着老师,放学擅自离开。老师怒不可遏,决定要惩罚他。但当她翻到这个小男孩迟交上来的作业本时,怒气顿时烟消云散,因为他的作业写得一丝不苟。老师还看到他在作业下面画了一头可爱的小猪,并写有他姓和名的首字母。老师喜悦地提笔在旁边写下这样的文字:“小懒猪变成了一个可爱的小男孩,他真可爱!”师生二人就这样,你来我往作批注,消除了误解,增进着情谊。有一次,这个小男孩在作业的底部画了一盆花,上方有许多水珠,水珠上方画着一轮有鼻子有眼,还扎着一个辫子的红日。显然,这象征着老师是阳光和雨露。这位老师激动不已,遂提笔在下面写道:“小懒猪……以后一定会变成一个了不起的男子汉!”

这个小男孩在教室全神贯注地翻看着老师的批语,老师在他身后他全然不知。老师发现“小脸红红的,看得出他的激动……此时此刻,他小小的心灵一定如波涛汹涌的大海”。老师也带着满心的喜悦转身走出了教室。

老师最后感慨道：这种批语式的交往，原来能收获如此之多的美丽和快乐。

其实收获远远不止这些。这种师生互动，这种无声的话语，这种文明雅致的表达，体现了心灵的契合，激荡着人间的温情，它给予人的是刻骨铭心的记忆，它能改变一个人一辈子的生存方式和行为习惯。相信这个小男孩今后在与同学、同事的相处中，一定能消除隔阂，变得言辞得当，举止高雅，宽以待人。

二、把厚植生命教育放在少年儿童健康成长的首位

1. 什么是高质量的生命？

说到厚植生命教育，就要先搞明白：什么是高质量的生命？我们应该追求什么？如何追求才能获得真正的幸福生活？

在这方面，北欧人建立在共同富裕基础上的人生观、幸福观，或许值得我们借鉴。

2020年《视野》第1期刊发了一篇《北欧为什么幸福指数高》的文章，现摘编如下：

北欧五国（笔者注：指瑞典、芬兰、丹麦、挪威和冰岛）幸福指数总是位居世界前列。北欧国家没有高楼大厦，人们穿着朴素，开着旧车，吃着简单的食物，每天晚上七点钟以后街上就静悄悄的，没有灯红酒绿的夜生活，也没有超级奢华的消费刺激着人的神经。他们还有一个不为人知的“三个半”作息时间，即晚上十点半睡觉，早上五点半起床，起床之后半个小时的阅读，而且能够长年累月坚持下来。对于吃穿用，他们认为够用就好。文章最后写道：“北欧人认为，金钱买不到的东西，那才是奢侈品，比如健康、家庭、纯粹

的大自然、自由和对生命的关爱。所以，你会看到，北欧人无论刮风下雨，早晚都在健身的路上。”因此北欧人的平均寿命，多年稳居全球前列。

由于北欧人淡然面对物质生活，所以他们在一起从不谈论加薪或升职的事，甚至有的国家要无理由给全民加薪而遭到全民否决。对于涌入欧洲的难民，许多国家政府和民众都忧心忡忡，唯独北欧有的老百姓说，我们日子过得很好，他们有困难，我们当然应该帮助。

还有这样一则故事：丹麦小城森诺堡有一家中国公司聘请了当地一名工程师，他为人和善，说话有点儿害羞。很长时间中国同事才知道，他原来是这个市的兼职副市长，负责审批土地和工程监管，已经干了两年，只是在业余时间每周到政府兼职办公 7 小时。

2019 年，中国国内生产总值达到近 100 万亿元人民币，人均超过 1 万美元。对历史上的中国来说，这是个天文数字——这是我们社会发展向北欧看齐的重要物质基础。北欧社会让人称道的最重要一点，就是社会成员的“共同富裕”。这一口号，我们也一直在提。新时期以来，为实现这一目标，国家采取了一系列切实有效的措施。例如，中国社会向农民征收了几千年的农业税，几年以前已全部取消；多年来，国家委派大批干部，到贫困农村驻点，开展脱贫攻坚战，为的是在小康路上“一个都不能少”；在城镇，对特殊困难群体，民政部门实行“兜底”保障。

中国人的物质生活已经发生了翻天覆地的变化：普通老百姓可以驾车上高速公路，可以乘高铁出家门，可以乘飞机出国门。与此相适应，在精神层面，在对待生命和人的生存质量方面，中国同样也在悄悄地发生着巨大的变化。在贫穷的新中国，我们毁林毁草开荒种粮食，现在要退耕还林还草，让绿水青山常在；我们曾提出战天斗地，改造山河，而现在讲究科学发展观，提出不搞大开发，要搞大保护，人与自然要和谐共存。在重大工程建设方面，以前我们搞“人海战术”，推崇“为有牺牲多壮志”，现在转向依靠“大国重器”，依靠科学技术，转变发展方式和路径，提高发展质量。

“以人为本”口号的提出，标志着中国社会的巨大进步。这一口号的核心内容是尊重人的生命，重视人的生存权，鼓励人民在建设强大国家的同时，也理所当然地享有享受美好生活的权利。

2.杜绝因教育不当对生命造成的伤害

绿水青山就是金山银山

2020年1月25日，中共中央政治局常务委员会会议强调："生命重于泰山！"要"把人民生命安全和身体健康放在第一位"——这是当时抗击新冠肺炎疫情发出的号令，也是中国共产党人在新时期一切工作的出发点和归宿，更是引领我国青少年德育工作的最新指导思想！

当前中小学德育工作存在的问题主要有：错把老师当领导——师生身份虽不同，但老师不等同于一般单位的领导，学生也不是老师的部下。领导可以把部下划分为听话的、表现好的和不听话的、表现差的。然后，确定要重点培养谁，要重点帮助谁。师长如父母——父母既要爱"好学生"，也应爱"后进生"。对他们不能厌烦、排斥、训斥，而应多亲近他们，并给予鼓励和特别的关照。若能做到这一点，他们中的大多数人都能迎头赶上，由"后进"变"先进"，不时发生在"后进生"中的悲剧，也就可以避免了。

小豆豆

日本著名作家、电视节目主持人黑柳彻子著有一部自传体作品《窗边的小豆豆》。小时候的她是老师眼中淘气调皮的"坏孩子"，小学一年级就被学校开除了。幸运的是，她有一位慈爱的妈妈。妈妈不愿放弃小豆豆，最后找到一位更为慈爱的校长小林宗作。小林校长与小豆豆第一次见面，小豆豆就一气讲了4个小时的话，而他始终点头微笑听着，然后说："你真是一位好孩子呀！"他"看不见"

小豆豆身上的缺点，不断发掘她的优点和长处，并及时表扬和鼓励她，小豆豆在爱里健康成长，并最终成为一位著名作家。

小豆豆写这本书，是在向老校长致敬。是啊，别人眼中的垃圾，他要在其中寻找闪光的金子。方法对了，垃圾终究变成了金子！

3.使“垃圾”变金子是父母和老师共同的神圣职责

妈妈和老师对孩子的缺点要宽容再宽容！妈妈应毫不吝啬地给予母爱，因为慈爱能创造奇迹！老师博大的胸襟，有时甚至能挽救孩子的生命！

在这方面，安徽省淮南市潘集区中小学教育有一些做法值得借鉴。

潘集区是淮南市农业大区和煤电化聚集区，处于淮南市郊区。这里成绩较好、家庭条件较好的学生，大多设法离开市郊而进入城区教育资源较好的学校。现有在校学生中，有相当一部分人存在家庭教育条件差、学生学习兴趣差、学习成绩差的“三差”问题。

据此，潘集区教育局及广大教育工作者达成的共识是：第一，有鉴于潘集区基础教育的现状，抓教育质量，不仅要抓中等以上成绩学生教育教学质量的提高，更要把重点放在“三差”学生的转化和提升上。如果每年有一批学生不得不辍学流入社会，成为教育的“弃儿”，即使有少数学生考入全国名校，我们仍然愧对潘集区的父老乡亲。第二，在转化和提升“后进生”工作中，首先不是抓文化知识的补缺补差，而是要改变他们灰心、厌学和失望的情绪。这就是说，最艰巨的任务是要抓他们健全人格的培养，抓自尊心和自信心的确立，要让他们重新审视和认识自己。

在做“后进生”转化和提升工作方面，他们有许多精妙的做法，颇让人感动，令人尊敬。

某校三年级休学复读生邢某某的经历具有一定代表性。班主任王老师初次见到他时，发现他块头大，嗓门大，说话结巴。他妈妈还直白地告诉老师：班里只要有人干坏事，全班同学都会指认他。认真观察后，王老师发现邢某某不仅不听课、不做作业，还扰乱别人。考试时他的试卷多为空白——这孩子已经濒临自暴自弃的深渊，总是靠搞恶作剧来哗众取宠，显示其存在感。缺少疼爱和鼓励，遭遇的多为批评、斥责，甚至打骂，是造成这一现象的主要原因。

王老师提出，用“特别的爱”给“特别的你”，来为其“疗伤治病”。她开出了如下四服药方：

第一服药，孩子和家长同时救助。王老师第一次见到邢某某的母亲，就看出她对孩子缺乏信心，也很无奈。因此，提高她对孩子的信心，就成为解决孩子问题的关键所在。一天，王老师高兴地对她说：谁说你儿子笨？今天在课堂上，某某问题，他就答对了。也许这是她第一次听到有人夸奖她儿子，她笑靥如花。王老师还进一步开导她：孩子现在是一年级水平，却在三年级上课。对他不能要求高，他有一点点进步，就应该表扬。

第二服药，降低标准“开小灶”。王老师为邢某某单独布置家庭作业，其语文作业内容仍然是识字、组词以及朗读课文。

第三服药，别出心裁提高成绩。就是把课堂上需要邢某某听写、背诵等作业内容预先告诉他母亲，让她在家提前辅导邢某某，以此来提高他的课堂表现。这一笨办法对提高他的自信心和学习兴趣效果相当好。

第四服药，多多参与班级公共事务。王老师将班级关灯、关窗、锁门的任务交给邢某某，封其为“锁长”。他想参加学校的诗歌朗诵会，虽然口吃，却背下了两页纸的朗诵词。于是，他与另外6人组成代表队登台亮相，并因此赢得了喝彩和掌声。他想参加学校的田径运动会，班主任积极争取名额为其报名参赛，结果获得扔沙包项目第二名。这些都让他兴奋不已，自信心大增。

至此，班主任重塑孩子在自己和他人心目中的形象这一目标已初步实现。

接下来，王老师不断看到邢某某母亲的笑脸，听到她夸儿子的赞美之声：“今天儿子主动写作业了”“今天儿子在家练字了”“今天儿子主动让我报听写了”……

类似于这样帮助“后进生”进步的妙计奇招，在潘集区其他学校也屡见不鲜。

潘集区第五小学二年级学生李某某，经常借拉肚子逃课。同学在校内校外找他，老师也时常找他，甚至校长也找过他。找回教室，他又不断滋事，扰乱课堂秩序。像这样的学生，在学校都是挂了号的“全校帮扶对象”。学校了解到他比较听爷爷的话，于是校长亲自出面，请他爷爷到校与他同桌“共学”，并告诉老师，像这样的同学，要用放大镜来看待他身上的闪光点。有一次，一位同学洗手忘了关水龙头，李某某赶上去及时将水龙头关上。班级和学校都抓住此事“大做文章”，在不同场合多次表扬他。刘校长甚至在全校师生大会上，将他当重点来表扬。这让他深受鼓舞，信心大增。大家都看到，李某某同学进步很快，不仅不再逃课了，慢慢地也能安静地坐在教室听课了。

“后进生”是当前学校德育工作的重点。为了改变“后进生”，师长们要首先改变自己——应与受教育者融洽相处、平等交流；要让他们有人格尊严感，有自信心；要善于“挖掘”他们的长处，以引燃其内在动力。想做到这些，长者的博大胸襟至关重要。以下三则小故事，希望能给教育工作者一点启示。

第一则　陶行知的“四颗糖”育人故事

大教育家陶行知当校长的时候，有一天看到有一个男生欲用砖块砸本班另一个男生，便让他放学后到校长室去。当陶校长回到办公室时，那位男生已在校长室等着挨训。陶校长却掏出一颗糖，笑着说：“你比我先到，这是奖励你守时的。”接着又掏出第二颗糖，仍笑着说：“这也是奖励你的。我不让你打人，你立刻住手，说明你很尊重我。”陶校长又掏出第三颗糖递给他，说：“这还是奖励你的——你想打那位男同学，是因为他欺负女同学，这说明你有正义感。”那男生感动得泣不成声：“校长，我错了，以后再也不会打人了。”这时，陶校长又掏出最后一颗糖奖励他：“你知错认错，非常难得，不得不再奖励你一颗糖。我们的交谈到此结束，你回去吧！”

这就是陶行知著名的“四颗糖”育人故事。

陶行知不愧为万世师表！在犯错者行为中不断寻找其优点和长处，在一次又一次的表扬奖励中，使犯错误的学生自省内疚，从而彻底认识和改正错误。

第二则　台湾已故著名作家李敖讲过的一个故事

英国前首相撒切尔夫人在官邸宴请宾客。年轻的女侍在给客人盛汤时，将一碗汤洒在了内政大臣的衣服上，众人惊愕。首相的第一反应是搂住这个闯祸的女孩子，拍着她的肩膀安慰道："亲爱的，这种错误在我们每个人身上都会发生，不要难过。"她的第一反应是先安慰这个女孩，然后再慰问内政大臣。她是这样的体贴入微，因为她知道，当时最窘迫、最难过的是这个女孩。

第三则　2016 年 11 月 18 日《生命时报》上刊载的一篇题为《将军的私人车厢》的短文

1866 年 8 月的一天，美国格兰特将军的私人豪华车厢误上来一位时髦女郎。这位女士见车厢里坐着一个男人在抽烟，她很生气，上前指责他，说美国的车厢不准抽烟，请他出去。这人并不搭腔，只是微笑地看着她。这时乘务人员过来向她说明，这是将军的私人车厢，并请她出去。格兰特将军制止乘务员撵她离开车厢，仍是微笑地看着她。文章最后赞叹道："伟人之所以伟大，就在于他们宽容并体谅着其他人。"

中国的教育工作者和家长如果也能够有陶行知、撒切尔夫人这样的胸襟和风度，而不是一味羞辱孩子的缺点，中国教育中存在的某些难题，或许都能迎刃而解！

三、人应该成长为什么样子？

理想的人应该成长为什么样子？为回答这一问题，我们先简要回顾一下“人”的成长历史。在历史的漫漫长河之中，人是由粗鄙的附庸之物，经历无数次同自然及社会的斗争，才逐渐成长为较为独立、自由、健全的现代意义上的人。

1.在阶级社会，被压迫者的样子不像人

在阶级社会，不同阶级的人，具有不同的样子。在奴隶社会，众多的奴隶，他们只是主人会说话的财物。在中世纪的欧洲，农民被称为农奴，他们也只能依附农奴主生存——农奴结婚，新娘第一夜要与主人同房（叫作主人享有初夜权）。奴隶、农奴都不能称为现代意义上的“人”。

2.“人”在成长过程中的艰辛斗争

欧洲进步的资产阶级思想家在几百年间掀起了一场又一场的研究“人”、解放“人”的思想文化运动——从文艺复兴运动到启蒙运动。

人文主义思想家反对神权统治，反对封建压迫，反对禁欲主义和蒙昧主义。启蒙思想家更是提出了“天赋人权”和“自由、平等、博爱”的口号。他们追寻和塑造的理想人物是：身材高大强健，知识丰富，多才多艺，本领高强，重视荣誉与尊严，追求现世生活的享受，但又极富于怜悯心。莎士比亚赞颂道：“人是宇宙的精华，万物的灵长！”“人是多么了不起的作品！”启蒙主义者还宣扬人应该具有勇敢的探索精神和永不满足的开拓、进取精神，如《鲁滨逊漂流记》的主人公鲁滨逊那样。

正是这两场声势浩大的以研究“人”为中心的思想解放运动，赋予了“人”以全新的含义和内容，从而在某种意义上解放了人，在不同程度上培育了一代又一代较为健全的人。

3.旧时代的中国人

旧社会的中国人，在身体方面，被洋人辱骂为“东亚病夫”；在精神、心理和行为表现上，像鲁迅先生笔下处于社会底层的阿Q，靠精神胜利法来自我安慰。潘光旦先生则将那时中国人的特性归纳为15个方面：易活难死、没有“神经”、耐性太好、不求精准、“寸阴是竞”、勤劳、撙节、知足常乐、有私无公、无恻隐之心、言而无信、尔诈我虞、爱脸皮、婉转、客气。

新中国成立后，中国人的身体和精神面貌都发生了翻天覆地的变化，但潘先生总结的旧时中国人极少的优点和诸多的缺点，对我们今天培育少年儿童健康成长仍然有借鉴意义——对老祖宗的基因要有所继承，更盼望着有所革新。

4.中国新时代少年儿童应该成长为什么样子？

我国新时代的少年儿童，或者说中国人应该成长为什么样子呢？世界卫生组织公布了健康十项标准，少年儿童首先在身体和心理上要不折不扣达到这一标准。这十项健康标准是：①精力充沛，能从容不迫地应对日常生活和工作压力而不感到过分紧张。②精神状态正常。没有抑郁、焦虑、恐惧等症状。③善于休息，睡眠良好。④应变能力强，能适应环境的各种变化。⑤能够抵抗一般性疾病和传染病。⑥体重得当，身材匀称，站立时头、肩、臂位置协调。⑦眼睛明亮，反应敏锐，眼肌轻松，眼睑不发炎。⑧牙齿清洁，无空洞，无痛感；牙龈颜色正常，不出血。⑨头发有光泽，无头

屑。⑩肌肉、皮肤富有弹性，走路轻松有力。

此外，新时代的少年儿童必须热爱中国共产党，热爱祖国，恪守社会主义核心价值观，身体强健，多才多艺，人格健全，刚毅顽强，有积极的进取精神、勇敢的探索精神和朝气蓬勃的开拓、创新能力。

第二章

学习篇（上）／幼儿：玩得痴迷，就是学得专注

第一节　玩耍是儿童学习的重要手段

学习的含义既指学习前人系统性总结的用文字或其他符号记录的各类知识，也包括学习一般的生活常识和生存技能。婴儿一出生，从睁开眼睛看世界，便开始学习。吃母亲的奶，是本能，但如何掌握吮吸的力度和吞咽的节奏，避免呛着，这就需要学习。所以，学习是很宽泛的概念，既有婴儿吸奶式的无师自通，也有徒弟跟师傅学习某种生存技能。老式匠人，有的师徒都是文盲，但他们也是在“教”和“学”。另外，人为了改正自己的不当言行及习惯，而采取的一些矫正措施，也属于学习范畴。

人，从一出生到终老，都是走在学习的路上，但处于不同的年龄段，学习的内容和学习的方法及手段不一样。家长在引导孩子学习时，应遵循人的成长规律，切不可违反自然规律而强求。否则，会适得其反。

《北京晚报》曾刊载一篇名为《幼升小之前，是学还是玩》的文章。文章首先介绍了两个小实验。

实验一　双生子爬楼梯

双胞胎的两个孩子，一个48周开始练习爬楼梯，另一个53周开始接受同样的训练。两人都是每天练习10分钟。第54周让他们比赛——同时爬，结果是后者爬得更快。

对于这个出人意料的结果，中国教育科学研究院研究员储朝晖解释说：“因为有些能力是孩子到了一定的时间段之后可以自然发展的。”

双胞胎爬楼梯

实验二　三年级现象

同为幼儿园的孩子，一些孩子尽情地、快乐地玩。另一些孩子的家长则忙着提前给他们上小学文化课。结果如何呢？那些提前学了小学课程，入学测试分数很高的孩子，到三年级开始成绩下滑。而在幼儿园游戏玩得很充分、各方面个性、能力发展很充分的孩子，到了三年级，成绩开始超过一年级时考试比他考得好的孩子。这就是所谓的“三年级现象”。储朝晖说：在幼儿园“游戏玩得很充分，孩子的一些天性就能得到充分的展示、充分的发展。到了小学，他的学习活力、学习动机、学习能力、学习习惯都将是良好的”。这就是说，在上小学之前，千万别用抢先学文化课来挤占孩子的玩耍时间。那样做，应了一句老话：聪明反被聪明误。储先生还认为，在小学仍要留出40%的时间让孩子自己去玩，去学习自己喜欢的东西，培养他们做事的能力。如果家长管得太严，孩子稍有

“越轨”,就斥之为浪费时间,学习不刻苦,这很可能让孩子发展为“被动型人格”。

其实,即使是上中学了,也应留有一定玩的时间。

孩子从出生起的每个阶段,身体的生长和大脑的发育是否能达到最佳状态,是由这一阶段孩子做什么以及怎么做来决定的。某一阶段该做的事,既不能提前做,也不能推后做。提前做,不仅无益,甚至有害。例如,在幼儿园阶段提前学小学的知识,这势必挤占了孩子玩耍的时间,不仅影响了身体的健康成长,还弱化了大脑发育。推迟做,也影响身体健康成长并延缓大脑发育。

幼儿园时期的孩子,他们的学习手段就是玩——通过玩,来认识世界,熟悉世界。他们玩得痴迷,就是学得专注。这一时期的玩,既健身又健脑,能让骨骼、肌肉及其他器官和组织发育得更好。玩,是一种身体与世界的接触与沟通。如果缺乏这一沟通,会对心理发育产生不利影响;玩,还能刺激大脑发育,例如,用积木盖厂房、搭建加油站,孩子的大脑中就首先出现一个相应的虚拟世界,这种想象力的开发,实际上是在为培养创新能力打基础。

第二节　玩什么，如何玩

一、不会玩的危害

俄罗斯《星火》周刊在 2018 年 9 月 10 日发表了叶莲娜·库德里亚采娃撰写的《不会玩的人》的文章。

文章开篇写道："如今的孩子对父辈们爱不释手的玩具已提不起兴趣，他们沉迷于电子产品的世界当中。非但如此，他们彼此之间也玩不起来，互动困难。心理学家警告说，'不会玩'时代的降临，将导致人类智商逐步下降、创造力日益萎缩、交际能力迅速退化。"

现在孩子们的新伙伴是能说话的狗，会讲故事的洋娃娃。那些炙手可热的儿童早教玩具，能教说话、计算、唱歌，反而剥夺了孩子们自身的玩耍及探索能力。它们遏制了孩子自身的积极性而强行灌输某些东西——孩子们无须跟这些玩具玩，只需观察玩具怎么做、如何说即可。游戏能够培养孩子的想象力、行动的自主性，能代入情感、不断创造、积极发明，这些都是电子玩具所给不了的。

美国的一项民调显示，在 7～13 岁的孩子当中，三分之二的人梦寐以求的礼物是平板电脑。对于低年龄段的婴幼儿来说，玩电子玩具受到的伤害会更大一些。因为"这些玩具会降低婴儿的体能活性"。这个时期，他们最需要的是与身边的人交流与沟通。缺少了这一点，“就会对心理发育产生不利的影响，尤其是在情绪以及自我认知方面。越早接触平板或是智能玩具，孩子对电子产品的依赖就越深”。玩普通玩具比电子类玩具要费劲得多。孩子需要想象出某些情景，赋予玩具以性格、以感情，并在脑海中编出相应的故事，他还会试图通过自己营造的虚拟世界，去吸引其他玩伴的关注与参与。而电子产品，只需按下按钮，就一切 OK 了。

童年的任务并不只是掌握知识，而要让孩子不断更新对世界、对他人的认知，学习新技能、刺激新愿望、培养新兴趣和新动机，形成丰饶的内心世界。当他们玩医生治病或是警察抓坏人游戏时，不只是在了解未来的职业，而且是在培养更深层次的能力——建立并遵守规则意识、与不同人打交道的艺术。

放风筝

海洋探险　小学三年级学生　拼装

堆雪人·打雪仗　小学三年级学生　绘画

二、玩传统的普通玩具

这里所谓的普通玩具，是指除电子产品之外的所有其他儿童玩具。比较古老的、从久远的农耕文明传下来的游戏有：滚铁环、老鹰抓小鸡、躲猫猫、击鼓传花、玩泥巴、打雪仗、跳房子、跳皮筋、放风筝、猜硬币（正反面），等等。工业化后至今出现的儿童玩具有：各类玩具车辆如消防车、警车、救护车等；各类生产用具如挖掘机、铲车、起重机、塔吊等；各类武器系统如战斗机、军舰、坦克、导弹、枪支等。还有，像《侏罗纪公园》中的恐龙、迪斯尼动画片中的独角兽以及托马斯轨道小火车，等等。这些都是相应年龄段儿童喜爱的玩具。

还有一类开发孩子智力并锻炼他们动手能力的玩具。例如，用较小的零部件，借助螺丝刀等工具，按图纸拼装武器、车辆、机器人等——这类既动手又动脑的玩法，是一个很好的选择。笔者考察过一家乐高公司面向幼儿园大班孩子的教学点。当天，两组孩子的任务分别是搭建污水处理厂和加油站。以污水处理厂为例，孩子们领到较大型的零部件后，参照图纸，在老师的引导下，进行组装。他们开始搭建厂房，然后是围建蓄水池，最后是安装进（污）水管道和出（净）水管道。

五六岁的孩子，就开始参与建设这类“经济实体”，意义非凡——这让孩子们在认识上登上一个新台阶，为培养未来的建设者，打下了一定的基础。

三、玩富于时代特色的新型玩具

乐高公司是一家于 1932 年在丹麦创立的公司。这家久负盛名的公司生产和销售的玩具，培养了一代又一代的儿童——如今西方国家的一些社会精英，都说自己是玩着乐高玩具长大的。尤其是近几十年来，乐高公司不断推出新产品，颇引人注目。例如，1978年问世的一款手脚可以动的乐高积木人，如今已成为乐高的传奇。这个小公仔，除了一张黄色的脸庞和快乐的表情，其他部分全都留白，没有性别、种族之分，一切都由孩子自己去发挥和创造，由他们的想象力来决定。此外，像乐高太空系列、海盗系列等，也都是新产品中不错的选择。

四、效果最佳的玩法

父女同玩耍

为让儿童获得好的玩耍效果，家长需要注意以下四点：

第一，家长要抽出一定时间陪伴孩子、引导孩子玩耍。那种父（母）子（女）共同动手，完成任务的协作过程，是培养亲子之间默契并厚植亲情的最佳方法。

第二，《半月谈》杂志曾刊发一则短评，说现在城市里的孩子大多数时间都猫在室内，缺乏与大自然的充分接触，这对他们的健康成长极为不利。文章呼吁孩子们要走出家门，走出社区，走出学校，走进大自然，走向水边，走向农田，走向山林，去观赏鱼翔浅底，聆听山鸟啼鸣并进行登山比赛。古希腊名医希波克拉底说过："阳光、空气、水和运动，是生命和健康的源泉。"大自然是孩子们健康成长的最佳去处。

第三，有选择地引导孩子进入深度玩要状态。所谓深度玩要，就是要全身心地投入，玩得疯狂，玩得痴迷，玩得忘我。深度玩要不仅能让身体茁壮成长，还能促进智力和情感发展。深度玩要，就是玩的内容由简单到复杂，玩的手法由简约到精细。例如玩泥巴，可由初始的打泥仗、甩泥炮，慢慢向泥塑发展；玩积木，可由大块头的不同木块简单拼搭山丘、桥梁，向用较细小的零部件按照图纸拼装人物、军舰、房屋庭院等转换。深度玩要讲究自主性——自主思考、自我调节、独自（或合作）修正和提高（作品）。这样的玩要，等于深层次的学习和实践，能培养孩子的激情和专注力。他们通过玩要发现了自己的才华，有利于激发自信与自尊。这样的玩要，能丰富孩子的想象力，跳出固定思维，培养创造精神。正如前苏联教育家苏霍姆林斯基所说："游戏犹如火花，点燃了探索求知的火焰。"

第四，把与体育运动相结合的玩要项目放在引导孩子玩要的优先位置。像登山、拔河、跳绳比赛等，既能提高团队协作能力，又能增强体力、锻炼耐力，效果翻倍。

第三节　儿童玩电子产品的利与弊

一、不能视电子产品为洪水猛兽

20 世纪初，我国一些大型港口，像青岛港、上海港，码头上人声鼎沸，一片繁忙。那时码头上吊车的装、卸货，铲车、货车的中转运输等，离开人可谓寸步难行。如今，再看看这些港口，码头更大了，货物吞吐量比 20 年前成倍增长，吊车仍是昼夜不停地装、卸货，铲车、货车仍是夜以继日地穿梭忙碌，繁忙程度远超过 20 年前，让人惊讶的是：机器在轰鸣，却极少看到人的身影，因为整个港口的生产和管理都智能化了。

还有人预测，20 年后传统银行将要消失。这是不是危言耸听，我们姑且不予置评，但不争的事实是：网络支付给人们带来了太多的便利，使用的人也越来越多。

在已经跨入智能时代门槛的今天，如果仍有家长将电子产品视若洪水猛兽，想方设法将其与孩子隔绝开，让孩子在一个不知电子产品为何物的环境中长大，这就等同于在弱化孩子今后的生存能力——他连电子支付都不会，还能正常地生活吗？

二、儿童对电子产品成瘾无疑是一种灾难

判断孩子对电子产品，例如手机是否成瘾，不一定是他们对手

机的长时间使用，而是看他们是否沉迷于手机中所玩的内容而不能自拔——他们不再需要朋友，也无所谓亲情，手机中内容完全驾驭了他们的思想和行为。他们追求并满足于自己在网络世界的另一种强大的身份，为此，他们完全忽略甚至舍弃现实世界中本该追求的许多美好事物——亦如瘾君子不顾一切沉浸在虚幻的世界中“享受”一般——这样的孩子，大概就可以判定为对电子产品成瘾了。

儿童对电子产品成瘾，其后果是非常严重的。从身体健康到心理健康，种种危害几乎都是致命的。他们不仅对学习科学文化知识丧失了兴趣，而且丢失了现实感，逐渐跌入虚拟世界的泥淖之中。在现实生活中，他们往往昼夜颠倒，起居无常，沉湎于网络世界；在虚拟世界中，他们兴奋不已，“才华横溢”。长大成人后，他们也远离主流社会，与他人格格不入。他们不仅掌握不了科学文化知识，甚至连人类生存必须具备的一些基本硬技能——例如买菜、烧煮、洗涮等都不会；至于生存的软技能——像待人接物、为人处世等更是无从谈起。他们没有学会任何谋生的手段，注定这一辈子都要“啃老”，多数父母最终都被他们“啃”得心力交瘁，而他们自己则成为一个实实在在的废人！

为了解电子产品成瘾对儿童的危害，再介绍两则国外在这方面的研究成果。

据英国《每日邮报》网站2020年2月18日报道：“一项研究发现，智能手机成瘾与吸毒成瘾以相仿的方式改变人类大脑的形状和大小。核磁共振成像扫描仪拍摄的图像显示……智能手机成瘾者的大脑灰质体积较小……大脑活动也有所减少。类似的灰质减少模式和趋势也发生在吸毒者的大脑中。”

另据埃菲社2020年2月10日电讯稿:《加拿大医学会会刊》上发表的一项研究报告称,大量使用手机和社交媒体软件会使青少年“饮食失衡”“睡眠不足”,从而导致“心理问题增多”,“出现抑郁的精神状态和自尊程度下降”。“2009至2014年间,加拿大医院收治的自残或自杀未遂女性中青少年人数增加了110%……在美国,因自杀未遂而入院治疗的青少年人数在2008至2015年间几乎翻了一番,这都与未成年人使用手机和社交媒体软件频率的迅速增加同步发生”。

对于那些已经游走于网游泥潭边缘的青少年,我们应尽快出手拉他们一把,避免其跌入泥潭而被吞噬。在这方面,安徽新华学校的一些做法值得借鉴。

该校2017级五年制平面一班学生黄某某,入学时网瘾很大,一天不上网,就心烦意乱,坐卧不宁,无法集中注意力听课,后来发展到周末通宵上网。一天上午,他因疲劳过度,失去意识而摔倒在宿舍楼道里。医生诊断结果为:长期熬夜,神经系统受损。

为帮助和救治黄某某,班主任为其制订了一份较为严密的摆脱网瘾计划。

1. 明确上网目标。每次上网,要明确上网干什么,然后将其写到纸上,完成任务就下线。从订立目标到上线,再到实现目标下线,每天都应将上网全过程向班主任汇报。

2. 限定上网时间。根据上网目标及任务,估算上网时间,上线后每20分钟提醒一次。宿舍有监督员，每天将督查结果向班主任报告。

3. 检查与鼓励。每周一小结，凡较好地兑现承诺，每周五班会课上表扬，并由班主任奖励一张励志贺卡。

4. 替代和提升。所谓替代，就是将单一的上网兴趣向其他方面转移。例如，以文体活动来替代一些上网活动。每天体育委员都安排同学陪他下棋或打球。所谓提升，就是将上网单一的玩乐改为利用网络学习计算机技术。由于安排了专人并循序渐进地帮助他学习，经过一段时间，他的计算机技能进步明显。

在班主任的统一安排下，经过班级干部和有关同学的共同帮助，黄某某同学克服网瘾的愿望越来越强烈。经过两年半的努力，他的身体健康状况有明显好转。目前，学习和生活已恢复正常。

2020年9月，他已由中专顺利升入安徽新华学院艺术学院（大专）学习，各科成绩都很优秀。

三、引导儿童正确使用电子产品的好方法

对儿童来说，电子产品是一柄双刃剑，如何趋利避害，这要看家长的表率作用和疏导能力。所谓表率作用亦即示范作用。美国华盛顿大学医学院儿科学教授唐纳德·希夫林说："小孩不会总是按照我们说的去做，但他们会按照我们做的去做。家长是小孩通往世界的道路上要穿过的大门。"例如对待手机，有的家长习惯于晚上躺在被窝里玩手机直至睡觉。第二天早上，睁开双眼，又忙着拿起手机看信息。长此下去，孩子也会有样学样。也有的家庭习惯于晚饭后将家中手机集中放到一个地方充电，然后大人孩子各

人干各人的事，直至到规定的时间上床睡觉。第二天早上，要到就餐后才各自取了手机去上班。长此以往，孩子长大后，也会习惯于这样做。

2018 年 9 月 5 日《人民日报》曾发表一篇《三问网游防沉迷》的文章。文章介绍了中国青少年宫协会儿童媒介素养教育研究中心主任张海波及德国慕尼黑大学教育学、心理学、艺术史博士高璇等专家的研究成果。另外德国《法兰克福汇报》网站 2019 年 3 月 31 日也发表了一篇题为《孩子手机上瘾，家长该怎么办》的文章。这两篇文章，都值得一读。现将其主要观点，摘编于下：

1. 首先要解决亲子关系中存在的问题：父母与孩子没有建立良好的亲子关系，孩子在网上干什么，父母不知晓，放任他们自娱自乐而不管；更有甚者，父母做出坏示范，即父母也深陷网游的泥潭——这如同吸食毒品，父母吸毒，孩子也慢慢偷着吸食，最后一准成为吸毒之家。想要管好孩子不沉迷网游，当父母的应首先戒掉“网瘾”。

2. 放弃围堵而注重疏导。家长切勿向孩子灌输“玩游戏是罪恶”的观念，更不能强制将其与电子产品隔绝开。那种所谓的“刚性管理”，其结果会适得其反。所谓疏导，首先是指应建立清晰的规则：家长应知道孩子在网上玩什么，在哪儿玩，何时玩，玩多久。家长可以参与其中，以帮助孩子选择高品质的、适合其年龄段分级标准的游戏。与孩子共同游玩，实际上是掌握游玩的主动权。

3. 疏导的升级版，是进一步让网络“为我所用”。上网不仅可以游戏娱乐，还可以查阅资料，获得知识，让网络成为学习、日常生活的好帮手，成为表达自我、参与社交的新途径，通过有选择地交友并开展互动，能够让虚拟世界和现实生活连接起来。

父子同玩游戏

此外，还有如下三点家长应予以重视：其一，对现实生活畏惧和厌倦的孩子，更乐于在虚拟世界找回自尊和自信。这样的孩子，家长必须要先纠正自己对孩子的管教方法，应建立亲密的亲子关系，为他们提供热爱现实生活的土壤。这样，孩子才不会逃避现实而到虚拟世界里寻求安慰。其二，家长在陪伴孩子上网的过程中，要示范在网络中如何保护自己。例如，如何远离色情、暴力以及其他侵害青少年身心健康的内容。其三，在引导孩子使用互联网时，要有时间限制，要顶住他们的抗议，培养他们的自控能力。

综合专家们的意见，低龄幼儿例如 4 岁以前（含 4 岁）不应接触任何电子产品，6 岁孩子接触的时间每天应控制在 15 分钟之内。小学生以不持有智能手机为好，但在完成课业后，在家长的陪伴下，可限时接触儿童电子产品。据《合肥晚报》2020 年 3 月 26 日报道，安徽省教育主管部门建议，儿童“每天看手机、电脑、电视、PAD

等视屏电子产品……6 岁以上的人群不宜超过 2 小时”。欧盟网络安全项目 Klicksafe 的教育主管比吉特·基梅尔认为,“孩子在 14 岁以后,父母的直接影响力就很小了”,而“对于 16 岁以上的孩子,家长必须放手”——他们应该能够独立并且科学、安全地使用电子产品了。

第三章

学习篇（中）／『个性化教育大放光彩』

第一节　以“成事”替代“成人”的危害

《中国新闻周刊》2018年第19期刊发了记者专访华东师范大学教育学终身教授叶澜先生的文章《价值观危机是中国教育的根本危机》。

在谈到中国教育时，叶先生一针见血地指出：当前中国学校教育存在的最大问题是“以‘成事’替代‘成人’”。她进一步解释说：如今的学校教育，只“关注学生考分、评比、获奖等显性成果，忽视淡漠的恰恰是学生和教师在学校中的生存状态与生命质量的提升”。

叶先生还讲道：“即使在改革开放已40年的今天，依然存在着教育者心目中有教书无育人、有知识无生命，不真正把学生作为一个个鲜活的生命个体来看待的问题。这种对个体特殊性以及个体生存方式的忽视，造成了课堂的根本缺陷……导致课堂教学缺乏生气与乐趣，变得机械、沉闷和程式化，失去对智慧的挑战和好奇心的刺激，师生的生命力在课堂中得不到充分发挥，精神生活趋于‘沙漠化’。教育在实际上常常只是训练的过程，老师讲、学生被动听和记，缺乏思维的活跃和课堂生活的积极体验。”

简言之，教育的本质特征，或者说教育“育人”的根本功能，在有的地方、有的学校已经被抛弃，在市场化浪潮的冲击下，学校在一定程度上已演变成青少年为谋求今后社会地位的竞争场所。以前教师令人尊敬的权威，也受到了不同程度的挑战。因为社会上有人将学校和教师看成是“提供知识服务的”，而花了不菲价钱购买这一服务（例如择校）的人，就有理由要求学校和老师向他们孩子的脑袋里填塞进足够多的知识，以保证在未来竞争的考场上稳打胜仗。至于“德、智、体、美、劳”云云，在有的地方、有些学校已经习以为常地将其变为一种带有理想主义色彩的虚幻的口号，这些地方遵循的宗旨是：凡阻碍“成事”的一切活动都必须要让路。

这就是说，中国教育在某种程度上已经脱离自古以来“育人”的主旨。纵观中国教育的全过程，学生奋勇前进的唯一目的，就如同体育竞技中的跨栏运动员一般，他们要跨越“小升初”“中考”“高考”乃至“考研”的一道一道坎。凡没有跨过坎的，往往都被摔得遍体鳞伤。像高考坎没跨过去的，有的考生与家长有范进情结，发誓此生“非中举不可”。于是，他们被送进“高考工厂”。在这里，那些高考落榜生，如同工厂里生产的不合格产品，被重新送上流水线，经过严格的打磨包装使之成为合格产品。

这里的所谓成功的“成事”者，是以牺牲他们的快乐生活甚至健康身体为代价的！

在中国教育的层层比赛中，只有少数幸运儿能顺风顺水攀登到宝塔的顶层，于是他们被追捧，被冠以桂冠，其光环令人炫目，因为他们拿到了继续向政界、学界、商界上层攀爬的通行证。

无论是摔伤者，还是少数幸运儿，由于学校专注于“成事”而缺失对“成人”的教育，他们中有许多人一辈子定将有这样或那样的遗憾。

第二节　关于课本知识和课堂教学

知识是社会文明的重要载体。它是人类在长期社会实践中积累起来的经验总结。这里的长期，应该上溯到人类诞生之始。因此，知识是千万年抑或是从更久远的时期起，人类在漫长的生存斗争中一点一滴积累起来的，是在不断修正谬误中发展起来的。知识在推动人类自身进化，推动文明社会的发展中，发挥着重要的作用。因此，学习知识，汲取前人的生存智慧，对我们人类今日的生存，对社会向何处发展，都是至关重要的。人类通过一代一代传承、积累，并发现新的知识，使得知识的宝库越来越丰富。

一、课本知识

现代人把知识分为自然科学知识和社会科学知识两大门类。为便于学习传承，历代的科学家和教育家又将知识细化为：数学、物理学、化学、生物学以及语言学、文学、哲学、教育学，等等。现行的各种课本选取了人类知识宝库的精华，并按照知识体系，分门别类冠以上述或类似于上述的名称。由小学到初中再到高中直至大学等，这样将知识由低级到中级到高级，让各级学生由浅入深逐渐掌握多门知识。因此，对小学生和中学生来说，尽力学好课本知识，是为奠定美好人生而打下的最重要的基础。同学们在校学习期间，掌握课本知识，熟读甚至背诵文科课本中的经典范文，记牢理科课本中的公式、定理、定律等精髓要义，就能在今后的生活和工作中熟练地运用这些知识，并做到有所创新有所创造——一句话，练就这些基本功，够其享用一辈子。

二、课堂教学

课本知识具有系统性、完整性和循序渐进性。学生怎样才能学好课本知识？主要是靠老师在课堂讲授、课上课下的答疑解难以及组织学生实习、实训、实验等一系列教学活动，以引领学生由浅入深系统地掌握课程的精髓，为今后能熟练运用这些知识打下坚实的基础。所以，课堂教学的每一个环节和全过程，都非常重要。它是每位学生成长成才的主要路径，是通往美好人生重要的桥梁之一。

可惜的是，现在有的学校的课堂教学不同程度偏离了正轨，为中国教育埋下了隐患。更可怕的是：有的人沉浸其中而不能自拔！

当前，课堂教学存在的主要危机是：一切为"成事"即为升学考试考高分进名校不懈地做"备战"演练。先看初三、高三年级的课堂教学，越临近毕业，"战前演习"的气氛越浓重，师生紧张、亢奋，如临大敌。为百战不殆，老师都热衷于预测中考、高考的考试内容，甚至猜考题。然后，根据自己的判定，来组织教学。突出自己判定的"重点"，让学生反复演练其"难点"，有的果真碰巧猜中考题的老师，即被赞誉为"水平高"。

其实，非毕业班的课堂教学也是不同程度的效仿。例如，讲授中学数、理、化，老师认为是重点的内容和习题，不仅上新课反复强调，以后单元复习、期中复习、期末复习、毕业考试复习，都要对同一内容一遍又一遍地讲解和演练。其后果是：有些学生被训练成

“知识机器”，死记硬背功能特强，大脑仿佛成了计算机储存信息的“硬盘”，总能考出高分进名校。而另一些学生，厌烦这种枯燥乏味的“成事”方法，他们总能想方设法应付老师一遍又一遍的重复。也有的学生干脆不听不记不做习题，他们当中必然有最终跨不过升学考试这道“坎”的失败者。

我们不能一概否定师生的“成事”欲望——高考想多考一些分数，上一所好大学，这很正常，无可指责。我们不赞成的是：用“成事”替代“成人”教育——学校丢掉了“育人”的根本任务，长此下去，学校还能叫学校吗？老师上课讲重点划难题，这也属于正常的教学活动，是无可厚非的。我们不赞成的是：上课一味围着升学考试转圈圈，忽略甚至排斥教学大纲规定的应该学习的其他有关知识。我们反对学校把学生关在教室里课“成事”，而挤占国家规定的一些有利于学生身心健康的其他教学和社会活动时间。总而言之，不应把学生训练成“考试机器”，在任何时候和任何情况下，教师都不应该忽视学生其他方面的生存能力——比如好奇心和想象力——的培育，人的创造能力正是由此培养而成的。我们不能为了考高分，而在课堂教学中扼杀这种能力，那将铸就永久的悲剧！

叶澜先生指出的“有教书无育人、有知识无生命”，“机械、沉闷和程式化”，“缺乏思维的活跃”，“精神生活趋于‘沙漠化’”，等等，矛头所指，应该主要是当前学校的课堂教学。

当然，中国教育改革的根本出路在于彻底改变“高考”这根指挥棒。

比较完美的课堂教学，应该具备下述三个条件。

第一，教师和学生应该互为主体。有人认为，既然是上课，只能是老师讲授,学生被动地接受。因而,老师处于支配地位。也有人认为,接受知识的是学生,在“教”与“学”的关系中“学”是关键,教师是为学生掌握知识服务的,起着解惑、引导的作用。

笔者认为,教师与学生应互为主体。例如,老师在讲解基本概念,描述定理、定律或演算公式时,应处于主体地位,学生应循着老师的思路,认真听,仔细记。如果学生有疑难问题,老师应摸清学生的困惑所在,抓住核心问题,理出解惑思路,然后一步一步予以解答。这时,学生是主体。如果学生在解析习题时另有新思路,老师也应为之服务,帮助学生完善新思路。

第二,课堂教学效果如何,关键是教师能否站得高看得远。所谓站得高,是指教师应站在这门课(而不是这本书)知识的制高点上;所谓看得远,是指掌握这门课(而不是这本书)的知识面应宽广。有关这门课的知识体系,教师能做到掌握得既精深又广博,再加上反复备课,多轮讲授,必然能做到将整个知识体系的重点、难点都了然于胸,上课时能丢弃课本和备课笔记本而滔滔不绝,并且语言生动,课堂气氛活跃,学生兴趣盎然。

老师将整个知识体系的重点、难点都了然于胸

教师讲课能深入浅出，旁征博引，并能联系现实生活中大家熟知的一些社会现象和自然现象，与课本中的某些知识点对接，将“死”知识教“活”。这样的教学，学生不仅容易理解其要义，而且这堂课的精彩之处，能成为师生共同的美好记忆。

第三，教师在教学过程中，应该启发学生思考问题，这样才能培育他们的批判性思维，为他们在今后工作中的创新创造打下坚实的基础——学生具有这种良好的习惯和能力，绝不是考上一所名牌大学所能替代的。

如果教师的知识储备既无深度又无广度，只能靠着临阵查资料抄写备课笔记，然后照着备课笔记板书上课，这样的课堂教学势必无法调动学生的积极性，学校的管理者要杜绝这样的课堂教学出现。

第三节 “个性化教育”大放光彩

一、课本知识之外的学习

人类的生活丰富多彩且千变万化，只靠课本知识远远不能解决今后工作和生活中的所有问题——即使是学生时代学的课本知识很扎实，仍然需要有大量课外阅读，以增加知识的深度和广度；仍然需要从工作和生活实践中，总结出新知识。只有这样，才能做到功底扎实，知识渊博，才能在工作和生活中游刃有余，才能有所发现，有所发明，有所创造，取得人生的更大成就。

19世纪法国伟大的现实主义作家巴尔扎克，从小被母亲送进寄宿式教会学校。他厌恶学校枯燥乏味的所有课程。教师们经常打骂他，说他又懒又笨。上大学后，父母又逼迫他学法学。大学毕业，他拒绝当律师，决意要当作家——最后，他终于成为一位用笔征服世界的巨人。他写出卷帙浩繁的《人间喜剧》，恩格斯曾说：“他在《人间喜剧》里给我们提供了一部法国‘社会’，特别是巴黎上流社会的卓越的现实主义历史。我从这里，甚至在经济细节方面所学到的东西，也要比从当时所有职业的历史学家、经济学家和统计学家那里学到的全部东西还要多。”那么，巴尔扎克如此广博的知识从何而来呢？原来，有一所大学图书馆的管理员，答应借给他喜欢读的任何书籍。于是，他疯狂地阅读历史、哲学等所有能借到手的各类书籍，他日后无所不知的学识,大多得益于这类课外阅读。

《红楼梦》是一部描写我国封建社会晚期贵族衰亡史的百科全书。现代中医药学研究发现,曹雪芹在书中描写医生为人治病,开列的中药方子是很科学的——同巴尔扎克一样,作者曹雪芹如此广博的学识,恐怕也不全是在学堂里跟老师学的吧?

新东方教育集团创始人俞敏洪说,他在北京大学上学期间,认真读了800本课外书。他还说,如果只背专业书,其他书不读,即使考试得100分,这人脑瓜仍是有问题——俞敏洪事业有成,应该与他在大学读800本书是有很大关系的。

同一水平的学生,今后拉开人生差距的,不一定是高考多考了三五分,能否进入一流大学。但能坚持不懈地阅读书籍,一准能让你走在同龄人的前面——因为多读书的孩子,思想更丰富,人格更健全,见解更独到,能跳出盲从与固执,心态更成熟。著名作家余秋雨在《阅读的最大理由是摆脱平庸》中说:“只有书籍,能把辽阔的空间和漫长的时间浇灌给你,能把一切高贵生命早已飘散的信号传递给你,能把无数的智慧和美好对比着愚昧和丑陋一起呈现给你。”我们“能驰骋古今,经天纬地,这种奇迹的产生,至少有一半要归功于阅读”。

钱学森之子钱永刚说父亲最值得他学习的有两点:第一是读书——读书贯穿着他生命的始终;第二是做人低调——他没有“名”和“利”的概念。钱永刚还说了他上小学时的一件往事,颇发人深省。他说,自小他酷爱课外阅读,尤其喜欢读《十万个为什么》。但他有4门功课考试得4分,老师要求他消灭4分。于是,他舍弃爱好,只拼课本知识,最终各门功课都考5分。正当家里其他人为他消灭4分而高兴时,父亲却冷静地说:有几门功课考4分也很好呀！言外之意：丢弃兴趣广泛的课外阅读而只拼课本知识可能得不偿失。

下面再从阅读有助于锻炼大脑的角度来谈谈阅读的好处。

现代科学研究表明：读书对儿童大脑发育很重要，从较低年龄段开始阅读的孩子，在一些智力测试中得分会更高，掌握的词汇量也更大。神经生物学家发现，当阅读者专注于书中的情节时，大脑的血流量增加，这表明集中注意力阅读文学作品需要协调多种复杂的认知功能。阅读小说还有益于培养情商，由于小说叙事着重于人物角色情感和思想的深层描写，因此阅读小说是一种对理解他人的能力的练习。加拿大多伦多大学的一项研究得出了类似的结论："理解小说故事情节时激活的大脑区域与我们理解他人时激活的区域相同。"

如何将孩子从小往课外阅读上引导，从而做到终生爱好阅读呢？首先父母应做出榜样，要让孩子看见自己在坚持不懈地阅读。从幼儿园起，父母就应陪同他们看以图片为主的图书。小学低年级学生则应以阅读图文并茂的读物为佳。小学高年级的学生，家长应帮助他们制订年度读书计划，可以开列一些孩子感兴趣并能激发他们好奇心的书目。但家长要避免做下列三件事：强迫孩子阅读，将阅读作为惩罚，不让孩子自由选择图书。

培养孩子终生爱好阅读的关键时期是小学阶段。小学高年级的学生，就应引导他们写简要的读书笔记。再大些的孩子，要教导他们学会"精读与博览"，即对于经典作品，要多读几遍，对其中最精彩的内容和文句，要熟读，要背诵，做读书笔记时要摘抄，要写内容提要，以便将其"刻"在脑海中——这叫作"精读"。对于其他大量的课外读物，可以进行一般性的翻阅，做到读后有个总体印象。做笔记时，只需记下书名（篇名）、作者、出版社（报刊名称）和目录及内容提要即可，为的是今后有需要时好查找——这叫作“博览”。

高尔基说，书籍是人类进步的阶梯。家长应教会孩子从小攀爬这一阶梯，并引导他们乐此不疲地终生攀爬，这样，他们才能登上自己人生的光辉顶点！

有人说，人生应该结交两个永久的好朋友——一个是运动场，另一个是图书馆。孩子们是否能结交这两位好朋友，就看家长是否能坚持不懈地从小陪伴他们与这两位朋友经常在一起共同“玩耍”。

二、“个性化教育”举例

下文介绍几则有关发明创造的故事，这些故事足以令人深省，让我们从另一个角度来观察和思考：何为“教育”？何为“学习”？何为“研究”？何为“创造”？

1. 莱特兄弟发明飞机

莱特一家住在美国一个乡村小镇上。这年夏季的一天，妈妈领着10岁的哥哥威尔伯、6岁的弟弟奥维尔和妹妹一起到河边玩耍，突然他们看到一只大鸟向下俯冲。兄弟俩议论着：人要是有翅膀，能在天空中飞翔该有多好呀！

莱特兄弟动手做雪橇，妈妈告诉他们，应降低高度，以减小风的阻力——如同人迎风前进应弯腰一样——他们从妈妈那里学到了“空气动力学”。

爸爸送给他们一件能“飞上天空的玩具”。于是，兄弟俩用零花钱买来材料，按照爸爸买的玩具，量好尺寸，画好设计图纸，最终做出属于

莱特兄弟发明飞机

他们自己的“飞上天空的玩具”。他们做得一件比一件好,还幻想着做出一架可以乘坐人的“大蝙蝠”。

他们渴望飞翔。一天,兄弟俩看到风筝大赛的海报,他们决定参赛。他们研究风筝的形状和系线的角度,根据风力的大小配上不同的尾巴。他们不断改进图纸,不断试做各式风筝,最终在大赛中胜出。

莱特兄弟长大后,非常喜欢画设计图,喜欢自己动手制作一些稀奇的东西卖给别人。例如,当时还十分罕见的自行车。

他们研究滑翔机,也制造滑翔机。他们弄明白了:要自由飞翔,必须用舵来平衡。他们用轻巧的铝做发动机,用针枞树制成螺旋桨——这两样是成功起飞的关键。

1903 年 12 月 17 日,弟弟奥维尔成功驾驶着“飞行者一号”飞向天空。莱特兄弟开创了人类飞向天际的新纪元。

2.发明之王爱迪生

有“世界发明之王”称号的爱迪生,一生发明的东西仅获得专利的就达1093件，而对人类生活影响最大的发明是电灯、留声机和电影放映机等。他是如何成长为伟大的发明家的呢？

1847年，爱迪生出生在美国俄亥俄州一座叫米兰的城镇。他从小活泼、顽皮，充满好奇心。“船，为什么会浮在水面上？”“这个机器为什么会动？”他是个爱发问的“小问题家”，也是一个爱把一切都要弄明白的“小调查家”。

他想知道蜂巢里面是什么样子，便用木棍捅蜂巢，结果被马蜂蜇得满身是包。他听说给鹅蛋加温就能孵出小鹅，于是就躲进储物间，自个儿暖鹅蛋“孵小鹅”。他7岁上小学，老师板书“1＋1＝2”，他问老师：“为什么是等于2呢？”老师十分生气。他成绩糟糕，又爱提一些老师无法回答的问题，仅上了三个月的课，便被学校退学了。没有办法，他只得到只有一位老师、一位学生的“妈妈学校”就读。在这所学校，无论爱迪生问的问题有多么无聊，妈妈都会耐心地回答他。在“妈妈学校”，爱迪生比所有孩子读的书都要多，这让他明白了许多事情。

爱迪生12岁从“妈妈学校”毕业后，便开始找工作。起初，他卖报。报纸很有趣，卖得很好。“既然这样，我自己也来办报纸吧！”他搜集新闻，自己写稿，办起了《先锋周报》。这一年，他15岁，报纸获得很高评价。

《先锋周报》是爱迪生制作的第一件大受欢迎的东西。

长大成人后，爱迪生成了闻名全国的发明家。他发明的东西既实用又便利，人们都在等待他不断制作出新东西。

1879年10月21日，世界上第一只电灯就要点亮了。人们屏住呼吸，目不转睛地盯着爱迪生的手。他用力按下开关，整个房间“唰”的一下亮了，人们欢呼起来。爱迪生立刻想起了已去世的妈妈，在心里说："妈妈，谢谢你。这全都多亏了你。"这只灯一直亮了45个小时——这是他一生中最伟大的发明。从此，他让黑暗的世界大放光明！

儿童文学家西本鸡介在《〈爱迪生〉小记》中写道："他不仅仅止步于单纯的发明，而是将发明实用化。为此，他查遍所有文献，反复试验，甚至思索发明之后的事业计划。仅仅是蓄电池的发明，他就实验过五万多次"，"正是有了这种永无止境的探索精神和不懈努力，他才不断创造出伟大的发明"。

3. 画家莫尔斯发明电报

1833年1月5日，在邮轮"萨丽"号上，为了解闷，电学博士杰克逊在表演"电磁感应"戏法——用一根导线连接船头和船尾，船头送上电，船尾就能吸住衔铁。这很神奇，大家都围着看热闹，只有一个中年男子突发奇想：如果将电线无限延长，用之连接巴黎和纽约，这样就可以给家人报平安了。电学博士听后哈哈大笑，认为这不可能。这位中年男子就是当时已经小有名气的画家莫尔斯。此后，他苦心钻研，持之以恒，竟然在11年后发明了电报。

再重申一遍：是画家莫尔斯，而不是电学博士杰克逊发明了电报！

我们回顾他们的发明创造，不仅要感谢他们给我们的生活带来便捷，更重要的是思考他们的成长能给我们以怎样的启示。

莱特兄弟和爱迪生读的是哪一所名校？使用的是何种优秀教材？答案是：室外的广阔天空是他们的教室和实验室。生活是他们的全部教材，对生活的热爱和痴迷，使得他们刻苦钻研这部大教材。奇思妙想和百折不挠的毅力，使得他们的研究终出成果。我们很难将他们的“学习”“研究”与工作甚至玩耍分清界限。

4. 玩出诺贝尔奖和闯出诺贝尔奖的两位奇人

国外现代教育的一些成功事例，也可供我们借鉴。

威廉·凯林于 1957 年生于美国纽约，获得 2019 年诺贝尔生理学或医学奖。此前，他已先后获得 20 多项大奖。在 2016 年拉斯克奖颁奖仪式上他回忆道，自己在上学期间很懒惰，但“我们家里有培养好奇心和创造力的玩具，包括一台显微镜和一些化学实验玩具”。显然，他的多次获奖，是与玩耍有着某种密切联系的。

2014 年诺贝尔物理学奖得主、日裔美籍电子工程学家中村修二在媒体发文，猛烈抨击中、日、韩大学入学考试制度。他写道：“亚洲的教育制度浪费了太多的青春和生命，年轻人不该为了应付考试而学习。”他出身于普通渔民家庭，学习成绩一般，只进入一所三流大学，工作后也是业绩平平，他对自己的专业和工作没有兴趣。于是，他撇开“专业常识”，在自己喜欢的道路上“拼”“闯”，最终开发出蓝光 LED 技术而获得诺贝尔大奖。

他们取得的重大成就说明，不按照常规走路，避开传统高等教育的弊端，坚持自己的爱好，照样能获得成功。

5. 北大、清华曾不拘一格选人才

其实，我国早期的高等教育曾有重“成人”轻“成事”的优良传统。若以当代眼光观之，其招生方式简直不可思议，却培养出像罗家伦、钱锺书、吴晗等现当代出类拔萃的人文大家。

1917 年北京大学招生，有位考生数学考了零分，其他多科成绩也不佳。但胡适先生给这位考生的作文打了满分，并且力推学校应录取这位考生。尽管遭到多数人的反对，但校长蔡元培最终还是决定录取这位考生，他就是罗家伦。11 年后，他成为国立清华大学首任校长。罗家伦在清华大学期间做了两件重要的事：第一件，上任伊始，清华开始招收女生；第二件，钱锺书数学考了 15 分，吴晗数学考了零分，清华照收不误。

蔡元培(1868—1940)，革命家、教育家、政治家。他在北大开学术与自由之风，对新文化运动产生了深远的影响。

罗家伦(1897—1969)，教育家、思想家和社会活动家。主要著述有《新人生观》《科学与玄学》等。

钱锺书（1910—1998），现代著名的学者型作家，主要作品有《围城》《人·兽·鬼》等。

吴晗（1909—1969），著名历史学家、社会活动家。主要著作有《朱元璋传》《明史简述》《读史札记》等。

前文展示的五大类成功人士，其取得成就的路径真令人瞠目：他们不是传统的正规教育培养出来的，而是通过“异类教育”自我奋斗成才的——这“异类教育”的威力不可小觑啊！

三、芬兰——“个性化教育”的明星

当代国外教育的成功事例，不仅限于个人，整个国家经过对传统教育模式进行革命性改革而取得成功的例子也已经出现，这个国家就是北欧的芬兰。

近年，国际多家媒体纷纷发文介绍、肯定芬兰教育所取得的成就。在经济合作与发展组织（OECD）发起的国际学生评估项目（PISA）中，芬兰、爱沙尼亚、新加坡以及中、日、韩等国的学生都名列前茅。但与亚洲国家不同的是，中、日、韩学生取得的成绩是以马拉松式的艰苦学习过程为代价的，芬兰教育模式则提倡完全相反的教育理念：学习时间和学习内容由学生自行决定。为适应新的数字和技术革命需求，学校取消考试（高中在最后一年有一次考试）；教师用便携设备取代课本；在传统的“分科教学”基础上，推行更加实用的所谓现象教学模式。就是围绕学生感兴趣的现象或话题，展开教学活动。这是一种基于实际生活、跨学科融合、师生互动的教学模式。这一模式能激发学生的创造性思维并锻炼他们解决实际问题的能力。在芬兰，学生之间、学校之间、地区之间没有等级之分，也没有比较和竞争。据经合组织介绍，无论是城市还是农村，芬兰学生之间的能力差距是全世界最小的。芬兰教育注重对学生“未来能力”的培养，在被评估的 50 个经济体中，“未来能力”方面芬兰学生位列第一。

在 2019 年博鳌教育论坛上，有位来自芬兰的高中校长做了主题演讲。现将其精彩的演讲稿摘编于下：

第一，芬兰的教育是在伙伴关系中发展的。比如，开发新的课程、进行教育变革的时候，邀请家长、社会人士、学生等有关方面参与讨论。

第二，芬兰教育是建立在公平和平等基础之上的。公平是指学生个体之间有差异，公平教育是为每个学生提供他们所需要的那一部分，也就是我们所说的因材施教。比如，在教室里，每个学习者本身是不同的，所以，老师是主动承认这种不同，并相应地给每一个学生（笔者注：含“差生”）提供他们获得成功所需要的助力。

平等是指对所有人都一视同仁。

第三，学校、老师、家长达成的共识有：鼓励学生取得好成绩，但不为此施加压力，在教育环境中，要确保学生身心愉悦，让他们有玩乐时间；培养主动性与自主性；学生不仅在课堂，还能在方方面面、点点滴滴中学习。

第四，没有“死路”的教育体系。学习者离开学校后，可以重返学校，而且，重返学校之后的再学习，与以前所学习的并没有必然的联系。

芬兰在教育领域从未停止创新的步伐，每 10 年就会全面更新一次教育计划。这种改革、创新不是部分学校，而是整体推进——政府颁布法律法规，使其成为国家义务教育的主要内容。

3 月 20 日是“国际幸福日”。联合国 2012 年首次发布《全球幸福报告》。自发布之日起，芬兰一直名列前茅，而最近 5 年均荣登榜首——5 年连续成为世界上“最幸福的国家”，这肯定与其成功的教育密切相关。

陕西省西安高新第二学校“名校＋”教育联合体总校长高杨杰有一段精彩的话：“每个学生都是可塑之材，学生没有不好，只有不同。教育，应该让每个学生都闪光。”（2021 年 3 月 3 日《中国教育报》）在“唯分数”者眼中，那些考分极低的学生，是“后进生”“差生”，是班级和学校的累赘，是不可教的。但在高校长眼中，这些学生，“都是可塑之材”，放弃他们，是学校和老师的失职渎职。帮助他们，促使其“闪光”，则是教育工作者的天职。这与博鳌教育论坛上那位芬兰中学校长的讲话有异曲同工之妙。其实，两位校长所说的，就是我们老祖宗早就讲的“因材施教”——对于所有的“材”，

“施教”的结果都应是成功者而不应是“弃儿”！

经济和社会生活在突飞猛进地发生巨变：大数据、云计算、区块链、智慧城市……以前从未听到过的声音，现在不绝于耳。“个性化学校”的崛起，是历史的必然，是教育跟上社会前进步伐的产物，是社会和时代进步最显著的标志之一，也是人类在教育领域获得自由解放所迈出的重大一步。

四、我国对“个性化教育”的探索

近几年，我国探索新路子的学校也已出现。

2019 年 11 月 26 日《参考消息》用整版篇幅刊发一篇题为《国际友城“朋友圈”遍及五大洲，四川从内陆腹地变身开放前沿》的报道。

文中介绍在成都市高新区有一所以法国城市命名的“成都蒙彼利埃小学”。这是一所没有上下课铃声的校园，每节课不是千篇一律的 40 分钟，而是根据不同课程内容划分为 30 分钟或 60 分钟。学校教学活动遵照国内教学大纲，但在办学理念上突出国际特色。学校在执行教学大纲的基础上，另开设外国文化理解课程，还设置了 68 门社团活动免费课程供学生自由选修，以此鼓励学生去发展自己的特长。

“始终坚持教育理念的国际化是教育国际化的前提。”校长芶鹏如是说。这是一所勇敢探索教育国际化的公立学校。学校于 2014 年开学，如今已声名鹊起。

2021 年 3 月 18 日，《中国教育报》发表了题为《教育就是让学生成为更好的自己——深圳道尔顿新华公学创新融合型基础教育

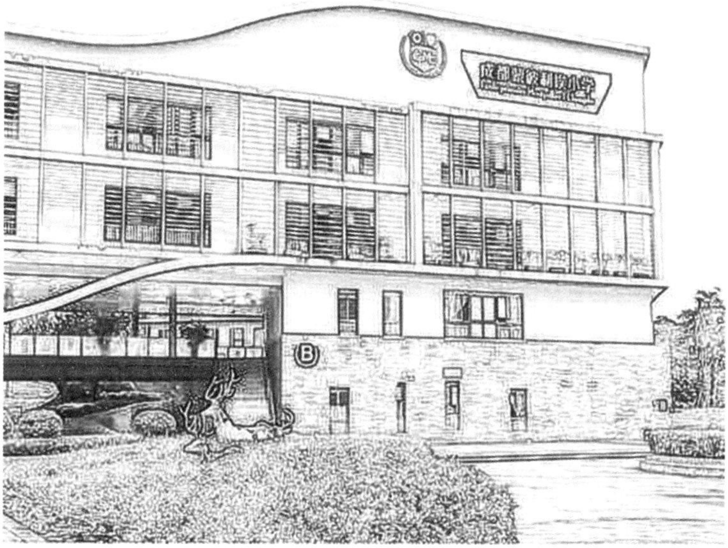

成都蒙彼利埃小学

5年实践路径初探》的长篇报道，介绍这所学校从教育理念到实践路径的特别之处。

深圳道尔顿新华公学源自美国的道尔顿学校。美国这所学校的教育目标是启发、培养每个孩子的主动性、自律性和判断力，同时促进学生的社会意识及集体价值观的发展。培养学生拥有无畏向前的创新精神和实践能力。

深圳道尔顿新华公学是如何根据我国的国情来继承和创新美国道尔顿学校的办学路径的呢？从这篇文章的段落标题便可窥见一斑。第一，形态创新：社区式“社会实验室”；第二，环境创新：资源型学科与专业教室；第三，课程创新：CIL融合型课程体系；第四，教学创新：道尔顿制教与学方式；第五，管理创新：家庭式混龄自主管理；第六，评价创新：个性化、过程性评价；第七，服务创新：精致的生活体验。

深圳道尔顿新华公学创办于2016年。5年来，学校广受欢迎和好评，先后获得“南山区教育先进单位”“深圳市南山区国际理解教育特色学校”“国际道尔顿榜样学校”“深圳市优质特色民办学校”等荣誉称号。

2019年11月2日，中央电视台在《新闻调查》栏目中介绍了内蒙古包头市第二十九中学在教育教学改革中的一些创新性做法。

成都蒙彼利埃小学、深圳道尔顿新华公学、包头市第二十九中学，不惧怕高考指挥棒，不在乎“成事”，而在乎“成人”，在乎培养学生的“未来能力”。

令人非常欣喜的是：不在乎“成事”而注重“成人”，注重学生的“通才”培育——这股改革的春风已经吹醒了我国教师中的先知先觉者。

合肥某小学有一位高明的何老师，她对孩子的健康成长问题有自己的独特理解和科学培养方法。何老师是五年级班主任，教授语文。她主张，学生应在“玩”中学。她别出心裁，让每位同学都准备一册记事本，并冠之以“五花八门本”之名，记录孩子们独一无二的童年成长时光。（2020年7月13日《合肥晚报》）

这个小本子是孩子们在成长过程中接受教育的综合性自我实录。其涉及的范围十分广泛，包括思想品德、科学文化、待人接物、实践劳作、思想创新……这“五花”与“八门”，应该无所不包。这种内省性的自我教育与学习，其效果是任何精彩的课堂教学所不能比拟的。三四十年后，他们在某小学学习生活的一些片段，将从脑海中逐渐淡去，但“五花八门本”上所记的一些趣事，将成为陪伴他们一生的财富。

像芬兰这样先进的教育理念和改革传统教育的成功经验，目前全世界包括发达国家在内，有不少国家都在学习。我国教育与国际接轨是大势所趋，像成都蒙彼利埃小学这类学校的率先出现，标志着我国教育界的学习，是从“点”上开始的。随着我国改革开放力度的加大，随着经济上进一步与国际接轨，在教育上向国外先进学校学习的单位会越来越多，学习的深度和广度也会加大，最终一定能推动符合我国国情的具有革命性的全国性教育改革——让学校教育回归“育人”之本位。

高明的家长应具有先知先觉的嗅觉，应走在时代前沿，及早从思想上颠覆自己的育子观念，在行为上彻底革新自己的育子方法。就孩子的教育和管理问题，在家长的心灵深处，应尽早尽快建立起一所适应社会发展需求的“个性化学校”！

第四章

学习篇（下）／筑就锦绣前程的新路径

第一节 "通才"概述

一、情商比智商更重要

东北师范大学家庭教育研究院院长赵刚先生在《问题就是纸老虎》一文中介绍：针对世界 500 强企业员工的调查表明，影响一个普通员工工作成绩的因素，其中智商与情商比为 1∶2，若做到公司高层，其智商与情商比则达到 1∶6。因此，智商不是影响一个人生存的主要因素。赵院长还介绍，美国斯坦福大学的一项研究表明：一个人获得财富的多少，83.7%与其人际关系和性格相关，只有 16.3%与其学历、知识相关。这两项研究得出一个共同结论：影响一个人能力或曰一个人取得成就的大小，其决定因素不是智商和高学历，而是情商。

何谓情商？赵院长认为，情商是指一个人的合作意识、沟通能力、关爱协调、谦逊忍让、忠诚敬业等与人际交往相关的因素。对孩子而言，这方面的意识和能力越早培养效果越好。

简要地说，情商就是能感知到别人的感受的能力。

有一篇题为《未来数字时代的新职业什么样？》的文章，该文介绍了美国麦肯锡研究院的研究报告，认为："到 2030 年，全球有 4 亿到 8 亿人因自动化而失去工作，但有 7000 万到 3.75 亿人可以通过学习新技术找到工作。那些系统的重复的并且涉及体力劳动的——例如农业和工业装配工作将被智能取代。”“拥有科学、技术、工程和数学技能的人将受到青睐”，“会增长的工作还有：规划、市场营销和沟通、设计等3大类”。

这就是说，眼前受热捧的一些工种，若干年后可能要被淘汰，这种饭碗的不断变化，今后将成为常态。在校学生选学专业，要研究这一社会发展趋势。但几乎是亘古不变的对所有人都适用的一些生存能力——例如“通才”，将不受时代变迁的影响，若能对孩子及早进行培养，他将受用终身。

美国《连线》杂志2018年8月12日有一篇文章名叫《尤瓦尔·赫拉利预言2050年人类会如何》。文章写道：到那时，由于世界变化太快，“你需要的不仅仅是创新思想和产品——你首先需要一次又一次改造自己”，“由于变化速度的不断加快，你可能无法确定以前学的知识是永恒的智慧还是过时的偏见”，因此需要及早培养自己持续学习的能力。面对不断涌现的海量信息，你需要的不是接受信息而是需要有整合大量碎片化信息的能力。那么，现在应该教些什么呢？许多教育专家认为：“学校应该转而教授‘四个C’——批判性思维（critical thinking）、沟通（communication）、协作（cooperation）和创造性（creativity）。更广泛地说，学校应该强调通用的生活技能。最重要的是应对变化、学习新东西和在不熟悉的环境中保持心态平衡的能力。”

上述应当教授的内容属于“通才”范畴。

所谓“通才”，还有另一种表述形式。

《光明日报》2019年7月23日刊发了华东师范大学教育学部主任袁振国教授的题为《什么对事业成功、生活幸福更具影响》的研究报告。

他认为，社会实践和大量研究表明，对人的事业成功和生活幸福具有更大影响的是处理社会关系、人际关系的能力，是心态和性格，我们常常叫情商，现在有了个学名叫“社会与情感能力”。

袁教授首先介绍了一项发人深省的研究成果：100年前，美国心理学家特尔曼对1500多名超高智商的儿童进行了长达40年的研究，其结果是：“只有20%的人取得了令人瞩目的成就，60%的人成就平平，还有20%人流入到了中等以下。”并通过对成功人士的访谈研究得出以下四种品质是取得成功的关键：“有明确的目标与坚持力，谨慎、有进取心，自信不自卑，善于为实现目标不断积累成果。”

经济合作与发展组织（OECD）社会与情感能力课题组开展的一项研究发现，超过20%的调查对象最看重的社会与情感能力是责任感、自信、批判性思维、动机、持久力与创造力。家长最看重的是乐观、创造力、动机和好奇心。

关于“通才”，美国夏威夷大学教育学博士贾琼是这样表述的：“包括情绪管理、自我引导、信息素养、沟通能力、团队精神、批判性思维、适应能力、抗挫能力、创造力、想象力、领导力及冒险精神等。”

佩里学前教育研究计划，是美国最早启动也是最有名气的幼儿教育长期效果研究项目，研究了智力发展水平处于85分以下的儿童,对他们进行社会与情感能力教育干预,这样持续的跟踪研究直到他们 40 岁。研究结果发现:这种教育干预对他们的认知能力即智商没有产生任何影响,但是极大地提升了他们的社会与情感能力,使他们婚姻更加幸福,家庭关系更加和谐,健康状况更佳,生活质量更高。

可见,开创美好人生,智商即认知能力,不是最重要的,更重要的是社会与情感能力。前者主要是遗传的,后者是后天可以培养的。因此,通过有效的教育干预,促进孩子社会与情感能力的发展至关重要。

综合上述中外多项研究和报道,得出可信赖的共同结论是:奠定美好人生,情商比智商重要,培养"通用才能"比考高分进名校更重要。

2021 年 3 月,江苏锡山高级中学校长唐江澎在两会上说:"孩子没有分数,就过不了今天的高考;孩子如果只有分数,恐怕赢不了未来的大考。教育如果只关注升学率,国家恐怕也就没有核心竞争力。分数是重要的,但分数不是教育的全部内容,更不是教育的根本目标。"好的教育应该是培养终生运动员、责任担当者、问题解决者和优雅生活者,给孩子们健全而优秀的人格,赢得未来的幸福,造福国家社会。

唐校长在这里强调的也是应将锻炼强健的身体和培养"通用才能"放在少年儿童教育的突出位置上。

二、拉开人生差距的六道坎

那么,"通用才能"究竟包含哪些内容呢?根据以上资料,笔者择其要，将其归纳为下面六个方面，这六个方面也如同摆在人生前进道路上的六道坎，这六道坎跨得如何，将决定着人生美满幸福与否。

高考的坎跨得好，不代表人生一定成功；跨不过去，也不代表人生就是失败。笔者归纳的这人生六道坎，比高考的坎更重要。凡跨得很好的，其人生必定成功；跨不过去的，极有可能会跌入人生的谷底。跨得很好与跨不过去，这是两个极端，大部分人是处于二者之间：跨得较好、一般或较差——真正拉开人生差距的正是在这里。这是一种隐蔽的、比升学考试更重要的马拉松式的竞技较量。

家长盼孩子前程远大，一生幸福，应该把功夫下在辅导孩子跨好这六道坎上。

1. 培养健全的人格

根据美国著名精神分析学家艾里克森人格发展八阶段理论，2～4 岁的婴儿，“人格主要发展任务是获得自主感，克服羞耻感；良好的人格特征是意志品质”（《心理咨询师》，郭念锋主编，民族出版社，2005 年版，第 190 页）。我国的大多数家长对此一无所知。

中央电视台《超级育儿师》栏目中曾播放一个案例：有位三岁左右的小女孩，自得其乐地在高脚果盘中滚动一枚圆球，随着果盘的晃动，小球在盘中飞快地滚动，小女孩发出爽朗的笑声。这时她姥姥将果盘突然端走，并大声斥责她。小女孩“哇”的一声号啕大哭起来。就这样，一边是孩子悲伤的哭声，一边是姥姥怒气冲冲的责骂声。还有一个案例：天气很好，妈妈拿着玩具铲子，准备带三岁多的儿子去玩沙子。孩子酷爱汽车玩具，临出家门时，他拿着一本印有汽车图片的书。妈妈让他放下书，他坚持要带上。妈妈坐下说，你不放下书，今天就不出去玩了。孩子不愿意，于是母子俩形成了僵持的局面。

上述两例，都是从成人的思维和逻辑来要求孩子，并以大人的强势来压制弱小的孩子。这种现象在中国式的家庭教育中太普遍了。艾里克森说，这个阶段的孩子人格"主要发展任务是获得自主感"，并形成良好的"意志品质"。试问，家长这样做，是让孩子获得自主感，还是压制孩子的自主感？是锻炼他们的意志品质，还是在消解他们的意志品质？

再大一些的儿童，例如小学生又怎样呢？剑桥大学发展心理学博士李萱写道，中国某些学校是以"高压、功利和羞辱性"的教育方式为基础。她在一篇文章中谴责她曾就读的南京一所精英小学的老师对学生进行体罚和尖声斥责，还把学生的书包扔出窗外。她认为，这种"长期的羞辱以及对自信的打击"带来了"伴随一生的不安全感"。

家长应该读点儿童心理学方面的书。那个在果盘中滚动圆球的小女孩，她脑海中一定有一幅美妙的图景，体会到无比的快乐，所以才发出爽朗的笑声。而那位姥姥和那位不准儿子带书的妈妈，完全忽略了儿童的心理需求。中国师长这种咆哮式的压制和打击，会给孩子的成长带来严重的后果。

首先，有一类孩子极容易滋生逆反心理。他们弱小的身躯，反抗"强权"无望，只能姑且忍受屈辱，但内心不服：家长和老师要求好好去做的事，他们偏偏不好好做。这还有可能导致一种更危险的倾向：孩子模仿师长，学会用压制甚至暴力的方式来解决问题。

许多具有暴力倾向的青少年，在幼童时代都曾遭受过暴力管教。

其次，培育了另一些孩子的奴性心理。对于师长咆哮式的管教，有的孩子运用了另一种招数：乖乖地听话，表示要“痛改前非”。久而久之，他们便学会了察言观色，慢慢掌握了摸准大人脾气的本领。长大后学会讨好他人，甚至对上司溜须拍马。

人都有维护人格尊严的本能。那种扭曲人性，违心地压抑自己，迎合他人的行为，大多是在不得已的情况下装出来的。师长们在咆哮声中也许培养了伪君子的后备军。

前一类孩子长大后极有可能成为社会的不安定因素，他们会从社会机体外部伤害社会。后一类孩子长大后极有可能学会玩弄权术且善于伪装，会从社会机体内部腐蚀社会。

艾里克森人格发展八阶段理论认为，青少年时期(12～18 岁)是人格发展和形成的重要阶段。这个时期人格的“主要发展任务是形成角色同一性，防止角色混乱；良好的人格特征是诚实品质”。复旦大学上海医学院 2010 级硕士研究生林某某，因个人恩怨投毒杀害室友黄某，于 2015 年被执行死刑。林某某应该是这一阶段人格发展出现了问题，以致形成他日后既自傲又自卑，缺乏“角色同一性”的个性，表现出明显的“角色混乱”——一方面他从小成绩优异，这使得他很自傲；另一方面，他出身贫寒，与人交往出手小气，富家子弟瞧不起他，这又导致他自卑心理的产生。由于人格发展不理想，便产生了极为紧张的社会心理危机，从而导致消极品质的形成。遗憾的是，师长们都没有加以干预，帮助他发展积极的品质，克服消极的品质，以致其品行越来越恶劣：当黄某在死亡线上挣扎、医生因不明病因而一筹莫展时，他虽看在眼里，却不肯道出下毒的真相，从而挽救黄某的生命。这充分表现了他具有“诚实品质”的反面：虚假、狠毒。我们不妨设想一下，如果在他自傲时，有人予以适当批评；在他自卑时，有人予以积极鼓励。如果林某某的室友能够心胸宽广一些，多给他一些尊重而不是歧视，这样的悲剧或许不会发生。

林某某毒杀室友也不是偶发的个案，曾经震惊全国的“马加爵杀人藏尸案件”我们仍然记忆犹新。马加爵成绩优异，曾获得省“三好学生”称号，是一位当之无愧的高才生，但他有严重的心理健康问题。在他们成长的过程中，家长和老师都忙于抓学习成绩，忽略了现实生活在他们心灵投下的阴影。心灵有了隐痛，没人在意，更谈不上有人来抚平他们的伤痛。久而久之，伤口溃烂，以致酿成大祸。

2013 年 11 月 28 日《长沙晚报》就林某某投毒案发表一篇评论：认为林某某类犯罪，是情感荒漠化和冷血化的结果。“这折射了当下中国教育事业存在的软肋，太注重思维，缺乏感情沟通，太注重分数，忽略了灵魂和心理的成长；太注重与知识打交道，而忽略了人际交往、社会探索；太注重竞争，而忽略了相互呵护和尊重谦让；太注重自我需求，而忽略了应该承担的社会责任。是中国教育甚至整个社会该惊醒的时候了。”

《长沙晚报》发出这一连串的“忽略”感慨，实际上是在谴责中国教育“忽略”了培养学生“情商”亦即“社会与情感能力”所造成的恶劣后果，真是令人唏嘘不已！

德国哲学家马克斯·舍勒说：“在一切价值的序列中，人格的价值是最高的价值。”如果师长管教孩子，动辄开口骂，举手打，抑或在不经意间用语言践踏孩子的人格尊严，这犹如在他们漫长的人生之路上，预先为其挖下一个又一个陷阱。

中央电视台曾反复播放一则公益广告：众人在传抱一个哭闹不停的婴儿，无论传到谁的怀里，孩子都躁动不安，大声哭闹。但当孩子被传到一位长满胡茬的粗壮汉子怀中，他竟然不哭不闹，蹬着小脚，破涕为笑。这时画外音传来：这位男子移植了孩子母亲的心脏。

孩子哭闹，躁动不安，是因为他找不到妈妈了；孩子安静了，笑了，是因为他又听到了妈妈的心跳。即使是在襁褓之中的婴儿，也深谙在这个世界上只有妈妈是自己唯一可靠的保护神——人类母子之间这种不可取代的深度依存关系，是独一无二的。因此，培养孩子健全人格的第一责任人唯有父母，尤其是母亲。这一天大的重任，是上天赋予的，是人类在不断进化过程中，逐渐形成的一种独特的生物本能。

人格尊严，是人类安身立命之根本，理应稳居“通用才能”之首。孩子在人生的旅途中，应首先顺利越过这道坎。

2. 磨炼顽强坚毅的性格

《三字经》写道：“人之初，性本善，性相近，习相远。”说的是人出生之初，秉性都是善良的，天性也相差不多，只是在成长的过程中，所受的教育和所处的环境不同，性格发展有可能向两个完全不同的方向发展。因此，性格养成应趋利避害——培养好的性格，比如坚强和善良等；避免出现性格缺陷，比如软弱和凶残等。荣格说，性格决定人的命运。可见，性格好坏与人格健全与否一样，都关系到人生的美满幸福与否。

笔者近年收集了若干篇谈“压力”的文章，凡是谈健康养生的，都视“压力”为祸水，罗列“压力”的危害。但也有例外，2020 年 4 月 15 日《益寿文摘》就刊登一篇题为《短期压力能促生脑细胞》的文章。

文章写道：“适度的压力实际上可以使人更强壮、聪明、快乐。”文章还引用美国“健康”网站总结的短期压力给身心健康带来包括促进脑细胞生长、提高记忆力、集中注意力、增强免疫力等十大益处。孰对孰错，不予置评。但眼前的事实是：证券、股票投资是公认的压力大的行业，而跨入 2020 年，“股神”巴菲特已 90 岁，另一位知名投资人查理·芒格已 96 岁，令人惊叹的是他们都仍在工作。另两位职业投资人欧文·卡恩和罗伊·纽伯格分别活了 109 岁和 107 岁。

压力对人的身心是有益还是有害，不在于压力本身，也不在于压力大小，而在于承受压力的人对压力的态度。这点，笔者有深切的感受。

笔者是 1957 年从安徽庐江县农村来到合肥读初中的(家与合肥直线距离约 80 公里)。我初到合肥，挨饿受冻都经历过。那时，农村进城读书的困难学生，国家都资助一定的助学金。我的助学金刚好够半个月的伙食费，下半月不缴费必停伙食无疑。家庭无力支持，我是如何渡过难关的呢？第一次停伙，早餐和中餐没吃，是空着肚子上课的。下课后，我就四处拾破烂。晚餐我就是用卖废品的钱买饭将肚皮撑得鼓鼓的。第一年寒冬，我是将报纸铺上棉絮，然后用线绳捆绑在两条腿上过冬的。我在合肥上中学的几年，先后干过的活有：帮助工人推架子车上坡、挖土方、砸石渣子、在火车站货场“转堆子”（将卸在轨道附近的货物运离轨道）、卖冰棒，等等。干得最得意的活，也是赚钱最多的活，是给汽车装卸货物，我联系货主，偷偷带领几位同学（不是同一班级的）在周日或夜里，跳上卡车，帮货主在合肥市周边装卸黄沙、片石、红砖、水泥和石灰等建筑材料。有一次，我们谎称请假回家，连着干了三天三夜。货车在路上跑的时间，就是我们在车上睡觉的时间。到了初中二年级，我就“脱贫”了，衣食无忧。到了初中三年级，我甚至达到了“小康”。

面对缺钱的压力而生出的勇气是母亲赐予我的。小时候，家中吃饭的人多，能干活的劳动力少。父亲是残疾人，不能干农活，母亲是一位裹着一双小脚的旧式农妇。她很瘦弱，却精明能干。她是一家之长，管理家庭，她将“勤”“俭”二字用到极致。她对孩子们不打不骂，也很少言语，却用一根无形的鞭子将一家人撵得“转”个不停，她用“瓜菜代”让一家人常年过着半饱半饥却从不断炊的日子。几年前，我写了一篇题为《春蚕到死犹吐丝》（见《未来》文学双月刊2015年第2期）的短文，真切地道出了她老人家对我的巨大影响。

我童年的日子过得很苦，但也倍感幸福，不仅没挨打受骂，也从来没人唠叨我。父母都目不识丁，从来就没有人过问我的学业。我儿时的成长，恰如一只在山坡上“散养”的小羊，总是自由自在地在那儿“撒欢”。然而，母亲身上一般人不具有的品德，却在日复一日潜移默化地影响着我。

母亲对我影响最大、让我享用一辈子并且惠及儿孙的是：面对全家年年缺吃少穿的巨大压力而表现出的勇气。我从未看到她叹气懊恼，更没听到她怨天尤人，她不断地艰难跋涉，带领全家坚定地走在人生的大道上，总是做着生活的美梦，一年又一年地坚信：明年要比今年强。新中国成立后，家中分到了田地，日子稍有好转，她就着手翻盖祖传的破旧草房——步步登高之雄心，她愈发坚定。

新中国成立后，家乡办起了小学，但许多人家要孩子帮忙干农活而不让他们上学。我不仅读完小学，还私自跟着他人到“大城市”报考中学。录取后，母亲虽犯过难，但最后还是咬着牙同意我到合肥上中学——因为“望子成龙”心切呀！

她顽强、坚定，困苦和饥饿都不能阻挡她向上攀爬的决心和行动！

我的血液中流淌着母亲的勇气和坚韧——我在合肥拼搏，是为了改变祖祖辈辈只能从黄土地里刨食吃的命运。我要学知识，我要上大学，我发誓要稳稳当当地端上“铁饭碗”。我的这种改变命运的强烈愿望，迸发出一股巨大力量——正是这一力量，使我无所畏惧，能够战胜一个又一个困难。

当年面对学校食堂一次又一次停伙，我的同学中有不少人都辍学回家，或是外出另谋生路。而我却在坚持做工挣钱和刻苦学习两条战线作战——做工收入“颇丰”，学习成绩也一直很优秀。我从未气馁和沮丧，而且锐气十足，拼劲十足。初中毕业了，经济困难的同学升学的不二选择是报考中专，以便尽快“脱贫”。我的不二选择是继续读普通高中，因为我的目标很明确——读大学！

此后，新的磨难又一个接一个扑面而来。高中二年级分班体检时，发现我患有早期肺结核。虽经休养治疗考取大学，但接着又咯血不止，严重时大口的鲜血从口鼻喷涌而出。连续10年，我每年都要住院治疗一些日子，真是命悬一线啊！

我彻底治好肺病和咯血的毛病是在1976年前后。虽然此时老母亲已辞世多年，但我真切地感受到，真正让我战胜病魔的“处方”，是她老人家从小就为我开好的：不畏艰难险阻勇往直前，积极乐观面对人生，坚信未来一定会比现在强！这一“处方”不仅能治愈已患之病，还能治未患之病。

经过反复斟酌，笔者还是决定将上面这段“自吹自擂”的文字呈现给读者，意在说明：人格健全，就如同秧苗栽正而不歪倒；积极乐观，就如同秧苗光照充足；刚毅顽强，就如同秧苗水、肥等营养均衡有保障。有了这些，庄稼准能丰收；有了这些，少年儿童一定能获得美好的人生，这些比考高分进名校或获得亿万财产更重要！

美国著名作家海明威提倡“人要勇敢地面对失败”，他在其著名的中篇小说《老人与海》中塑造了一位“硬汉”形象——古巴老渔民圣地亚哥，他是人类不屈不挠斗争精神的象征。他说：“一个人并不是生来就要给打败的，你尽可以消灭他，可就是打不败他。”“硬汉”，即便是遭受灾难性的打击，也是死而不屈，活而重生。

我们来认识一位我国当代“硬汉”——代国宏。

2008年5月汶川大地震时他18岁，是汶川中学一名高二学生。地震后50小时，他从教室的废墟中被救出。在救治初期，医院多次下病危通知单，他一次又一次与死神擦肩而过，最终被高位截肢。出院后他来到康复中心，第一次接触到下水的机会，因为游泳对于他来说是最好的康复方式。最终他因为刻苦学习被四川残疾人运动队送到云南开始游泳训练。经过顽强刻苦的训练，他在国内外大赛中拿了多枚奖牌，因此被人们尊称为“无腿蛙王”。此后，他收获了爱情，并有了一个可爱的宝宝。如今，他已成为一位受人尊敬的残疾人游泳教练。代国宏的名言是：“要面对真实的人生。”“除生死，无大事。”他的妻子说他有一颗不屈的灵魂！

“硬汉”的最核心品质是坚毅。美国心理学家安吉拉·李·达科沃斯指出：“向着长期目标，坚持自己的激情，即使经历失败，依然能够坚持不懈地努力下去，这种品质就是坚毅。”达科沃斯是麦克阿瑟天才奖获得者，曾花多年时间做了一个调查——决定一个人成功的最重要因素是什么？她的研究结论是：无论在任何情况下，比起智力、学习成绩或者颜值，坚毅是最为可靠的预示成功的指标。

3. 营造和谐共生的生存环境

生存环境包括自然环境和社会环境。营造良好的社会环境，就是要营造和谐的人际关系，即善于协助打造一个能愉悦自己和他人共同成长的大家庭式的社会群体。要做到这点，下列各条至关重要。

第一，学会“做真人，行正事”。

“做真人，行正事”是合肥市建平实验小学的校训。在应试教育大行其道之际，学校将“做真人”作为育人宗旨，令人肃然起敬。笔者曾以此为题写有一篇短文《做真人，行正事——放学接孙子所看到和所想到的》(载《淮南文艺》2019 年第 2 期),探讨何谓“真人”,怎样培养孩子才能使之成为“真人”。“真人”不是全民景仰的大英雄,也不是饱读诗书的圣贤,更不是宗教推崇的节欲苦修的圣徒。“真人”就是普普通通的平凡人,但又不是众多在商业化时代的大舞台上追名逐利的芸芸众生。在由农耕文明向工业文明转型时期,人的社会化程度在提升,但人的“自我”或者说“本真”也在慢慢丢失。在社会这个大舞台上,一般人要学会按照自己充当的角色来“演出”。于是,他学会伪装,学会做戏,以让角色惟妙惟肖,从而获得社会的肯定。诚如前文介绍的莫言先生的《哭》,一些小学三年级的孩子,为获取表扬,竟将口水抹到脸上冒充泪水以装出沉痛悲伤的样子——这是一种忽略人的本真而专注于人的“表演”才能的危险倾向。提倡做真人,就是要恢复人本来应该具有的样子,即“性本善”时期的样子。这就要求脱去戏装,抹掉粉黛,把人从自我异化的道路上拉回来,以保留本真,恢复自我。

“恢复自我”,最本质最核心是与脱戏装相对应的:学会真诚做人。

请大家读一读下文介绍的古今两位伟大人物真诚做人的故事,从中一定能获得有益的启示。

古希腊哲学家苏格拉底站在讲台上,拿出一个苹果,问学生空气中的味道。一个学生举手回答:“是苹果的香味。”苏格拉底拿着苹果从同学们身边走过,问大家,空气中是否有苹果的香味。这时,有半数学生都举手回答说有。苏格拉底又回到讲台,重复问了一遍。这时除一个学生,其他人都举手说,闻到了苹果的香味。老师问没举手的学生:“你什么气味也没闻到吗?”他肯定地说:“我真的什么也没闻到。”老师说:“你是对的,因为这是一只假苹果。”

这位学生就是日后闻名世界的大哲学家柏拉图。

钱学森(1911—2009),“两弹一星”功勋奖章获得者,被称为“中国航天之父”。

1935年9月,钱学森进入美国麻省理工学院航空系学习。入学一周后,史密斯教授说要进行摸底考试,于是发下十几张考卷,要求大家做好后在第二天放学前交上来。试卷发下后,一位同学在史密斯教授的办公室发现了答案。于是大家都背着教授在传抄答案。当传到钱学森面前时,他摆手说,我不用。第二天教授来收试卷,其他人都交卷了,唯有钱学森尚未做完。教授问他:“你为什么没完成?”“时间太紧,有些题又太难,我确实不会做。”他坦诚地答道。第二天，教授宣布结果：钱学森得满分——他在诚实上得了满分。原来那份有错误的答案，是史密斯教授故意放在那儿的。“你们的试卷答案却与这份错误答案一致。”教授拿钱学森做对比，来教育大家。

做人真诚者，必能与环境和谐相处。他不谙于在市面上“演戏”而必能潜心做事；他不谋“名”和“利”，必能成就大事业而名垂千古！

第二，学会与人友好相处。

就成年人而言，这里的“人”，在社会上包括上司、下属、同事以及在自己生活圈之外无密切关系的其他人或陌生人；在家庭里有父母、兄弟姊妹以及其他相关亲属。人一辈子要处理好这方方面面的关系，实属不易，所以家长在孩子孩童时代就要加强这方面的教育和引导。

笔者就此择其要，说一点浅见，以供参考。

①与上司的关系

应防止两种倾向：第一种是傲视上司，不甘于被指挥，特别是从小有逆反心理的人。他们不仅看不惯上司，甚至对一切都看不顺眼，以致与周围环境格格不入。其危险是自视清高者，很容易被社会边缘化。第二种是有“表演才能”的人，他们善于讨上司欢心，为获取不当利益，能违心做事，也愿意拿尊严换“位子”。其危险后果是，善于投机钻营者，很容易走向歧途，最终毁灭自己。良好的关系是：把上司当师傅对待，建立亲切的“师徒”关系。刚入职的“徒弟”应虚心向“师傅”学习技艺，并以出色完成交办的任务来让师傅放心。

②与同事的关系

存在主义哲学家把人与人之间的生存竞争绝对化,认为“他人即地狱”,笔者不赞成这一观点。但“嫉妒心理学”认为,攀比、竞争、嫉妒,都是发生在身边同一个水平的人之间。确实,在一个团队里,有的人只看到竞争的一面,认为竞争者影响了自己的发展;但也有人看到了竞争中的合作和合作中的共同成长——后者的认知是高明的,也是符合事实的。

有一篇题为《乔布斯的团队理论》的文章,介绍了音乐家列侬和麦卡特尼的故事,他们是音乐史上最成功的搭档之一。他们互相竞争,但不是为了阻挠和打压对方,而是互相鼓励以取得更好的成绩。乔布斯认为,团队内部应有对话机制,内部对话式的沟通,能让不同的观点受到尊重,更重要的是能使不同特长不同个性的个体互补,从而方向更加一致,这样就能达到 1+1>2 的增效作用。作为个体,应该从中明白,一山能容二虎、三虎……只要能做到众虎的优势互补,众多老虎就能形成新的更大的合力,个人在团队中也能得到更好的发展。

此外,与人共事相处,在生活、工作、报酬、荣誉等方面,应做到克己、礼让。这样,关系自然和谐融洽。正如某医学博士在谈到自己身体健康的秘诀时说的“三吃亏”:一吃亏是每餐少吃,二吃亏是在家里、单位多出体力,三吃亏是遇事忍让——这样的人,无论是当官为民,都招人喜爱。

在一个班集体之中,在同学之间,上述原则也同样适用。然而,与此相背离的事情,竟然发生在老师身上,这不得不让人吃惊。

据《北京青年报》报道，天津市肖某某老师，因教育学生发表了“严重违背师德师风”的错误言论，受到了党内严重警告处分，降低岗位等级，依据《教师资格条例》撤销其教师资格，调离岗位。这个老师说：“以往送到我班里的学生，家里全都是当官的，要不就是条件特别好。别怪我瞧不起你，××同学的妈妈一年挣的钱都比你妈妈五十年挣得多，你们素质是一样的吗？”

这是骇人听闻的封建等级思想的再现，是腐臭的商业化社会金钱崇拜狂的沉渣泛起。笔者非常惊诧，社会主义新时代的学校，怎么还有这样的老师来“教书育人”？

这位“老师”以父母官位大小或拥有的财富多寡来界定学生的素质，或直白地说，来判定学生的“好”与“差”。这一幼稚而可笑可悲的“鸿沟论”，定将在被其指斥的学生心灵烙下深深的伤痕。其他学生，包括被其赞颂的因母亲挣钱多而素质好的学生，受到的负面影响也是无法抹去的。

像肖某某那样，用露骨的语言表示崇拜“上等人”，又用尖酸刻薄的言辞来奚落“下等人”，在当今社会，实属少见。但我们仍然应该警惕：从经济上用“富有”和“贫困”来给社会成员划分阶层，这将是长期客观存在的事实。但在人格上，他们是完全平等的，都应同样受到尊重。

正因为有一部分学生属于“贫困”阶层，我们作为师长和同学，更应该关爱他们。对那些处于困境之中的孩子，应给予他们更多的帮助。这才是为师之道、育人之道！

③与弱势群体的关系

我教给学生判断一个人人品好坏的诀窍是：私下观察他对强

者和弱者的态度。如果媚上傲下——对上司，他卑躬屈膝，只为获得好感；对弱势群体，例如清洁工、拾荒者，则冷漠、傲慢、轻蔑，甚至动辄呵斥，这人等级观念浓厚，人格自私卑污。如果相反：对能主宰自己前程的人只表示应有的尊重，而绝无有损自己人格尊严的言行；对社会地位低下的不相干者，则给予关注和同情，对他们和善、礼让，抑或在必要时给予力所能及的帮助——这才是灵魂干净而高尚的“真人”。“真人”必行“正事”，这人一辈子可靠。

曼德拉(1918—2013)，南非前总统，被尊称为“南非国父”，1993年获诺贝尔和平奖。

南非前总统曼德拉说：“评判一个国家不应看它如何对待地位最高的民众，而是看它如何对待穷人或一无所有的人。”同样，评判一个人也应看其如何对待弱势群体。诗人臧克家说：“一个诗人须得先具有一个伟大的灵魂，把自己的心放在天下痛苦的人心里，以多数人的苦乐为苦乐。”

有的人奋斗一辈子，取得了令人瞩目的骄人成就，但其最终表现却让人惊讶：原来他们所有的奔忙和劳累，竟然完全是为了这世上的穷困之人！

全球免税集团 DFS 的创始人查克·费尼，热衷于救济穷人，已悄无声息地为慈善事业捐款上百亿美元，自己却无车无房过着罕见的俭朴生活，自称为“衣衫褴褛的慈善家”。他说：“上帝那里没有银行，裹尸布上也没有口袋！没有人能带走自己一生苦苦经营的财富与盛名。”他还说：“把钱撒在最需要它的人那里，就是我的最大快乐。”

慈爱之心，怜悯之情，比金子还宝贵！

④与意见相左的人的关系

19 世纪法国伟大的浪漫主义作家雨果，在其著名的长篇小说《悲惨世界》中塑造了一位心胸宽广、心地仁慈的榜样人物——冉·阿让。他天性慈悲，一直艰难地照顾孤弱；他不念旧恶，释放宿敌沙威警官；他牺牲自己，拯救无辜。作家据此发出赞颂：世界上最宽广的是大海，比大海还宽广的是天空，比天空还宽广的是人的胸怀！

在现实世界中，也有一位有如此胸怀的伟大人物，他就是南非前总统曼德拉。

他是一位反抗白人种族主义统治的斗士，因此被捕入狱 20 多年。白人政权垮台，他在人们的欢呼声中出狱。走出监狱大门，他与当年逮捕他的人拥抱，并说：“如果不与他们和解，我又走进了另一所监狱。”此后，南非在他的领导下，黑人与白人平等相处。

7 月 18 日是曼德拉的生日，联合国将这一天定为“曼德拉国际日”，并称颂他是“我们这一个时代的巨人”，表彰他为和平与自由作出的贡献。能享有如此殊荣的，在曼德拉之后，世界上还没有第二人。

我们都是凡夫俗子，曼德拉总统的惊人之举，似乎距离我们的现实生活很遥远。然而，他的度量之大，使他与迫害过自己的人主动化解矛盾，变对抗为融洽的思想境界，值得我们每个人学习。

人与人交往，难免有矛盾纠纷，是对抗升级矛盾，还是忍让化解纠纷，这两种态度会产生截然相反的结果。例如，开车上路，“路怒族”往往能将小摩擦升级为大事故；如果有一方忍一忍、让一让，往往损失会降到最小，甚至平安无事。

深深刻印在中国人心中的惨痛教训是2018年10月28日重庆公交车坠江惨剧。起因很简单：一个乘客坐过了站，要求司机立即停车让她下车。司机不能中途停车下人，于是双方争吵，乘客上前抢夺方向盘，结果汽车偏离马路而驶入江中，最终造成包括公交车司机、争吵者和其他乘客共15人全部丧生。事情就这么简单：那个乘客到下一站下车，多走几百米路，就平安无事；事情就这么严重：不愿多走几百米路，又粗暴地抢夺方向盘，结果造成15条鲜活的生命丧生。

因此，宽容和忍让是一种智慧，它能为个人带来平安，为社会铸就祥和。

据说，加拿大魁北克地区有一条南北走向的山谷。令人惊奇的是：西面山坡上长满松、柏、女贞及其他各种杂树，而东面山坡上只有清一色的雪松。一对感情濒临破裂的夫妻准备做一次旅行，以期找回昔日的爱情。当他们来到这条山谷时，天空下起大雪，他们支起帐篷，观赏雪景。由于特定的地势，他们发现，西面山坡风小，雪下得也小，东面山坡则是风狂雪大。顷刻间，东面山坡的雪松上就积下了厚厚的一层雪。细心的妻子很快发现：雪松枝丫在积雪的重压下，慢慢就弯曲了，积雪也就滑落了，于是它又挺立了。如此这般地不断反复，终使雪松能逃过每年大雪的侵袭而仍旧郁郁葱葱，其他树种不见踪影，可能是因为它们没有弯曲的本领，而被大雪压断渐渐丧失了生机。

只有弯曲，才能挺立！

弯曲，是一种坚韧和顽强，是一种高超的生存本领！

看过大雪中屹立的雪松，小两口释然了。他们明白人也要像雪松那样学会弯曲，夫妻之间相处需要宽容、忍让、妥协。

在所有非重大原则问题上，遇到对抗性矛盾，应迅速降温，聪明之举是做出有底线的妥协。

坚毅和强悍，似乎是成功者的形象。而妥协和示弱，似乎总是与失败联系在一起。其实不然，有时妥协和示弱与坚毅和强悍相反相成——它是强者为达到某种目的而展示的高超的生存艺术，也是其内心强大的另一种表现。

妥协无处不在。古今中外所有最终达成停战协议的战争，无不是交战方相互妥协的结果。世界上所有“合同”“协议”的成功签订，也都是有关方面相互妥协的产物。妥协，是人类社会运行的润滑剂。

在关键时刻,妥协、退让,甚至是示弱,是充满智慧的表现,即所谓“退一步海阔天空”。而逞强,争斗到底,有可能是愚昧、蠢笨的体现。

在特定时期,选择“退让”还是“争斗”,往往决定着一个人的“成”与“败”。安徽新华学校在众多的育人实践中,就有教人以“退让”求“成功”的事例。

该校2015级计算机平面设计专业学生张某某,班主任徐艳老师第一次见到他,就看出他是一位与众不同的学生。他的奇装异服,锅盖式的黄头发,特别刺眼。他个头不高,掉了两颗大门牙,令人印象深刻。家长也直言不讳:“在初中不学习,调皮捣蛋,打架斗殴。”他的两颗大门牙,就是被人打掉的。

徐老师看明白了:他的高嗓门及其外形,表明他是一个吵架斗殴的高手。他已经走入歧途,很容易掉进人生的陷阱!这样的孩子如何培育,使之成才?徐老师胸中已有方案:在一定时期内,对他而言学习知识不是第一位的,当务之急,是要帮助他改掉暴躁的脾气和粗鄙的行为举止——遇到“争执”,学会主动“退让”,学会与人友好相处。

他口才好,应发扬他的这一长处。于是,班主任让他在班级早读中领读一系列名人成长的故事,像陈平、岳飞、朱元璋等。他们博大的胸襟,不介意琐事,严于律己、宽以待人以及刻苦耐劳、顽强奋进的故事,不仅教育了大家,更是首先感动和教育了他自己。同学们慢慢发现,他讲话的声调降低了,动辄与人争吵的现象没有了。他终于慢慢学会了克制和谦让,学会与同学在合作中共同成长，甚至变得乐于助人了。例如，他平面设计学得较好，班主任就安排他做 PS 软件课代表，让他帮助成绩较差的同学。老师经常看到，他在实训课上甚至课余时间辅导他人，于是给予表彰和鼓励。这使他明白了“帮助他人，快乐自己”的真正含义。他还带领一些同学在校内举办绘画作品展览，这一切的改变让他在全校有了一定的知名度。

与老师、同学之间的关系融洽了，学习成绩提高了，获得的肯定和鼓励也越来越多，他充满了快乐感和幸福感！

到毕业时，张某某已成长为一位令人喜爱的好学生。他装上了两颗门牙，衣着整洁，仪表堂堂。靠着杰出的口才和在安徽新华学校学到的处理人际关系较强的“软实力”，踏上工作岗位不久，他就取得了不俗的成绩——入职杭州某图文公司，很快便由普通职员一步步升任为组长、主管、店长，月薪过万。

中等职业技术学校里就读的学生文化水平参差不齐，学校应根据不同的学生，在成长过程中出现的不同问题，有针对性地给予相应的帮助。像张某某同学，审视他的生存能力，不仅“知识”“技能”这些“硬实力”缺乏，生存的“软实力”，诸如遵守规则、做事严谨、珍惜时间等，他都较差。但其中最重要的、亟须解决的是他的“处世做人”问题。习近平总书记说：“要把培根铸魂、启智润心的理念融入教育的方方面面”。安徽新华学校帮助张某某同学解决的正是“根”和“魂”这一生存的根本问题，所以他在成长成才的路上才能避开陷阱而走得顺畅。

因材施教，因人施策，抓住根本。这是安徽新华学校“树人”的主要经验之一。

下面又是一个真实的故事。

2018年初夏的某一天，一位70多岁的老翁将小汽车停在小区马路边的车位上。第二天上午，他打开车门，发现副驾驶座位上有一枚碎鸡蛋。惊讶之余，他发现车窗尚有几厘米空隙没关严实。他回家端了一盆水来擦洗座位。这时，有人告诉老翁，车后上方有摄像头，很容易查到肇事者。老翁笑而不语，暗自思忖：我与人无争，此人绝非恶意为之，很可能是个半大小子在搞恶作剧。我毫无损失，查他作甚！事后他解释：默不作声，这事就当是没发生；如果查个水落石出，可能要给对方留下心理阴影；如果的确是个孩子，可能还要遭到斥骂，以后还要时刻提防着我，这又何苦呢！

善于化解事端，是一种生存智慧！

父母在帮助孩子确立人生远大志向时，切莫忘记嘱咐：与人交往不如意时，切勿说出和做出伤害感情的言辞和举动。笔者提倡一辈子不与人结怨，不出手打架骂人，不挑事打官司的“三不”主义。这样，在漫长的人生旅途中就不容易意外“摔跤跌伤”。一辈子平平安安，乃是人生最难能可贵的幸福！

4. 培养管控自我的能力

第一，严格管控自己，是取得人生成功的关键

有些容易被大人忽略的习惯，实际上对孩子的成长至关重要。比如：嗜好某种食物或饮料，吃起来喝起来就欲罢不能，停两天见不到这些东西，其难受程度犹如烟民断烟一样；看动画片或玩电子

游戏没有节制，可以不吃饭不睡觉；作息无规律，吃饭、睡觉都顺其自然以及做事随意、虎头蛇尾等。孩子如有这些不良习惯，除影响身体健康外，还反映出孩子已经面临一个更为严重的问题：不能管控自己，尤其是面对诱惑，如不加以纠正，这样的孩子就已经输在成长的路上了。

被称为“商界思想家”的万通集团创始人冯仑有一部著作叫《伟大是熬出来的》。他认为，伟大不是体现在领导别人，而是体现在管理自己上。他以万科掌门人王石为例，说王石从四十七八岁开始爬山，用了大约五年时间，就攀登了世界七大高峰并且完成了南极、北极的探险任务，靠的就是严格的自我管控——目标明确，平时坚持耐力锻炼，登山时均衡地使用体力。

冯仑认为，凡不能管理好自己的人，便失去了领导别人的资格和能力。

麦当劳创始人雷·克洛克说：“我百分之百地确信，一个人与另一个人之间的本质区别——其中一个成就斐然，尽展风流；而另一个默默无闻，无足轻重——是前者拥有更强大的控制和约束自己的能力。”

第二，在哪些方面做自我管控

①关于“钱、权、色、食”的自我管控

人的一生需要正确对待和管控的首先是“钱、权、色、食”四个字。对成年人来说，这四个字最难管控的是“食”字。因为“钱、权、色”，一有国家法律的威慑，二有社会伦理道德的约束，肆无忌惮者，必会受到制裁和谴责。唯有“食”而肆无忌惮者，不仅没有人管束，有时甚至还把胡吃海喝拿来炫耀，以引来喝彩。因此，无节制的饮食，对国民健康造成的伤害最大——伤害的人数之多，伤害的程度之深，是无法估量的。

食育应从娃娃抓起。笔者曾浏览一篇批评所谓“朋克养生”的文章，说几个年轻人一边作死，一边自救——已感嗓子痛，火气大，但面对麻辣火锅，欲罢不能。于是一边吃火锅，一边喝金银花茶去火解毒。面对已被伤害的身体，他们感慨道：还没年轻多久就已经老了。

一边吃火锅，一边喝金银花茶去火解毒

这种已经上瘾的不能自控，是儿时留下的后患。有关少年儿童如何科学吃喝，前文已有介绍，请家长务必高度重视。

有关“权、色”，对少年儿童来说可以缓谈，但有关“钱”的属性，随着孩子年龄渐长，还是应该知道一些为好。例如，钱是商品交换的媒介，在社会生活中少不了；但人不能崇拜金钱，不能不择手段去攫取金钱。否则，金钱就会变成一头怪物，破坏传统的伦理道德，并唆使人犯罪。获取金钱要靠诚实劳动和合法经营。一个人从正当渠道获取的钱多，说明他的工作做得多做得好，对社会贡献大，应该得到鼓励和褒扬。因此，中国人也不应该羞于谈钱。

报上曾登载一则故事：一位美国人从买回的旧家具中发现有

10 万美元,他颇费周折找到失主将钱如数归还他。失主酬谢他2000 美元,他也欣然接受——归还失主 10 万美元,是君子风范,费时费力寻找失主,接受酬劳,仍不失君子风范!

此外,在钱的问题上,从小学高年级起,就应该让孩子知晓两点:第一,懂得挣钱不易,学会合理花钱,学会节约和积攒钱财。财商是人类生存的基本技能之一。第二,要知道多余的钱怎么用——满足自家生活仍有富余,不要忘记救助贫困之人。

②良好习惯的养成靠自我管控

叶圣陶先生说,教育的本质就是培养习惯。可见,培养学生良好的习惯是教育的主要任务。而良好习惯的养成,又主要靠师长引导。《世界上最伟大的推销员》(奥格·曼狄诺著)一书中有段精彩的话:"事实上,成功与失败的最大分野,来自不同的习惯。好习惯是开启成功的钥匙,坏习惯则是一扇通向失败敞开的门。"

坏习惯主要有:自由散漫,只顾眼前,不思考今后。"今朝有酒今朝醉","我死后,哪管它洪水滔天"(法王路易十五语),这种及时行乐、得过且过的"寒号鸟"式生活态度,是其最基本的性格特征。外在表现主要有:贪恋美食,沉迷游玩,没有时间观念,不守规则,随意承诺,不在意自己的毛病,等等。

俗话说:"学好三年,学坏三天。"坏习惯与七情六欲相连,所以人很容易染上坏毛病。而培养好习惯是一个自律的过程,所以养成好习惯是一个艰难的过程。但好习惯一旦形成,便刀刻斧凿在身体里,受用终身。

2020 年 2 月 19 日《文摘周报》刊登了一篇题为《决定人生成败的五条规律》的文章。其中有一条规律是:真正决胜千里的是一些考试不考的能力。“十点读书”在2018年7月10日刊发了凡紫寒的文章《真正拉开孩子差距的不是智商，而是这五个习惯》。这两篇文章有异曲同工之妙，都认为“真正决胜千里的”不是考高分进名校，而是培养孩子养成好习惯。例如：

a)时间管理

对孩子而言，时间管理首先要求做到守时，即严格按照规划来学习和生活。其次，是要高效利用时间。凡是取得重大成就的人，无一不是守时和利用时间的高手。

这方面的故事不少，著名的音乐家、美术教育家、书法家和戏剧活动家李叔同就是一位守时和珍视时间的高人。

戏剧家欧阳予倩和李叔同是好朋友，一次，欧阳予倩说好上午8时去拜访李叔同，可他晚到了5分钟，李叔同从楼上推开窗户说：“你晚了5分钟，现在我没空了，下次再约吧。”真是严格守时到近似严苛的程度。但欧阳予倩说他“律人很严，责己也严，我倒和他交得来”。

李叔同有个弟子叫刘质平，他写了一首歌，老师看后对他说：“今天晚上8时35分，到音乐教室等我。”那天晚上下了很大的雪，刘质平准时赶到教室门口，但门关着，教室也没开灯。他等了10分钟，教室里的灯亮了。李叔同开门说：“时间无误，一分不差。”又说：“你可以回去了，有事明天说。”

他就是如此培养学生严格遵守时间的。

有记者采访比尔·盖茨，问他是如何管理微软这样一个亿万财富帝国的。他说，很简单，我的工作时间精确到五分钟，包括接受你的采访。

凡紫寒的文章里讲了一对母女冒着暴雨赶到美术班上课的故事，这天赶去上课的只有她女儿一人。这位母亲说，我要求女儿做事必须认真，而认真上课的前提就是要守时。

如何节约和高效利用时间呢？

时间是一种失去不可复得的资源，是一种比金钱更有价值的无形资产。浪费时间与浪费金钱一样，都是一种不可宽恕的恶习。

美国时间管理专家罗伯特·帕利亚里有部著作名叫《另外8小时》。他说，所有人每天上班和睡觉都要各用去8小时。因此，人生的真正差异是由另外8小时决定的。他在书中写道："人生是从下午5点下班后开始的。"他认为，事业成败、身体状况、家庭幸福，甚至银行存款多少，都是由这另外8小时决定的。

刘未鹏在其《暗时间》一书里，讲述了如何利用"暗时间"即碎片化时间的问题。正是能否利用碎片化时间，拉开了高手与凡人的差距。上班乘车，购物排队，你是看手机玩游戏、与人闲聊，还是埋头阅读或背外语单词——"暗时间"看似微不足道，可是长年累月积累，其产生的巨大效益足以改变人的一生。

民间有一则关于两个小和尚挑水的故事，很能给人启发。

相传甲、乙两个相邻的山头上各有一座庙，两个庙里的僧众同吃山下一口井里的水，并各派一位小和尚下山挑水。久而久之，两个小和尚成了好朋友，他们相约同时下山，同时到达井边，然后打了水各自挑水上山。这样，日复一日，年复一年，他俩天天相见。

但五年后，甲庙的小和尚下山挑水，再也见不到乙庙的小和尚了。为探明究竟，他登上乙庙，发现原来山上新挖了一口井，他的朋友正在从井里往上提水。

原来乙庙的小和尚决心在山上直接挖一口水井，以解决庙里僧众永久性的吃水问题。决心下定后，他除了吃斋睡觉，打坐念佛做功课之外，利用饭前饭后所有碎片化时间，也就是“另外8小时”，挖井运土。虽然每天挖土取土有限，但他不间断地天天挖，月月挖，年年挖——在坚持5年共1825天后，他终于从山上提取到第一桶清洁的井水。

小和尚的成功，靠的是他为众僧服务的善心，靠的是他善于利用碎片化时间的恒心，靠的是他勇于攻坚克难的决心和坚持不懈的毅力！

高效利用时间，还有另外两个好办法：其一，在社交圈中做减法。其目的是借此尽可能减少无效社交，这也叫“省事情”，以此节省时间，以达到时间“增效”的目的。其二，时间管理专家劳拉·万德坎姆提出“时间洞察力”概念，就是做事情不一定要按部就班、按照顺序来做。比如读书，不在于提高速度跟着作者的思路一页一页读，高明的读者会带着问题“翻”着读，重要之处重点读，无关紧要之处粗略读，对我无用之处省略不读。这样，在同一单位时间，读书的收获会更大些，这是达到时间“增效”的又一个好办法。

b)敬畏法律　严守规则

敬畏法律能让国泰民安，严守规则会使社会和谐。遵纪守法是公民应尽的义务，严守规则是公民应尽的责任。所谓规则，是指国家、单位、社会团体等制订或民间约定俗成的用以约束人的言行举止的规章制度。久而久之，有的就成为人的一种行为习惯。例如，“红灯停，绿灯行”，凡严格遵从者，就平安顺畅；凡违背者，就有可能肇事遭殃。因此，对少年儿童进行严格的守规则即懂规矩守规矩的养成教育非常重要。

在这方面，值得我们学习的国家要数德国。以孩子的交通安全为例，看看德国是如何做的。

德国交通安全教育是从幼儿园开始的。每年暑假前，都有警察在老师的陪同下，带着孩子们到马路上演练如何正确过马路。小学四年级学生，要在学校参加“自行车驾照”考试。在操场上设模拟马路，有“直行、左拐、右拐”等指示牌，德国的自行车交通法规与汽车差不多。这不仅为今后驾驶汽车打好基础，更重要的是从小培养了孩子遵守交通法规的良好习惯。马路上遇有行人，百分之百是车让人。德国交通秩序好，是因为人们从小就养成了遵守交通秩序的良好习惯。

德国人做事严谨是出名的——严谨到有的已成为他们的一种生活方式。

例如：煮鸡蛋。10年前，笔者在德国旅馆吃自助餐，倘若供应的煮蛋吃完了，服务员立刻取出煮蛋器，有煮一个的、两个的……

以煮一个蛋为例，打开电开关，一分钟水开，3 分钟关火，关火之后利用余热再煮 3 分钟，这时鸡蛋的口感和营养最佳。

沈雁军在《新民晚报》发文赞叹道：这种精准，不但成为德国人的生活态度，更成为随处可见的民族精神——凡事严谨、缜密、认真、执着，讲究规范和坚持原则。

守时与守规则代表言而有信和真诚，代表自律和有责任心，会让人觉得你"靠谱"，值得信赖，容易被人接纳和获得好感，在未来的发展中更容易受人青睐。

c)阅读与动手

书籍是人类进步的阶梯，而阅读是攀登这一阶梯的唯一手段——有关阅读的重要性，前文已有论述，这里不再重复。

关于动手，笔者是将其作为阅读这一"静态"的对应物来认识的。旧时读书人有"四体不勤，五谷不分"之说，说明自古以来，读书人总是用阅读之"静"，来挤占动手之"动"。现在的高考指挥棒，几乎迫使学生全面走上以"静"代"动"的危险道路，最终导致许多学生体质下降，五谷不分。

为尽快扭转这一局面，2020 年 10 月，中共中央国务院印发的《深化新时代教育评价改革总体方案》专门列了"加强劳动教育评价"的条款（见《方案》：二、重点任务第 18 条），提出"探索建立劳动清单制度……让学生在实践中养成劳动习惯，学会劳动、学会勤俭。加强过程性评价，将参与劳动教育课程学习和实践情况纳入学生综合素质档案"。

可喜的是，各地已在积极落实中央的指示。据新华社报道，江苏省委办公厅印发了《关于全面加强新时代大中小学劳动教育的实施意见》，提出“探索实施劳动教育学分制”，要求：“确保中小学生每周家庭劳动时间不少于 2 小时，每年有针对性地学会 1 至 2 项生活技能”，“小学和初中劳动教育课平均每周不少于 1 课时，普通高中不少于 6 个必修学分”，“实施将劳动素养纳入学生综合素质评价体系，作为学生评优评先、毕业升学的重要参考或依据”。

人类生存离不开的衣、食、住、行，哪一样不需要动手——遗憾的是，为了考高分进名校，许多学生的动手能力已经弱化到骇人的地步。为尽快扭转这一危险倾向，中央政府颁发文件，规定学校要强化劳动教育。

做饭是人类最基本的生存技能

培养孩子的动手能力，要从小抓起。可以从整理自己的物品和帮助家人做一些简单的家务活开始。

前文提及的作者凡紫寒说：“儿子从 3 岁起，我就试着让他做家务……现在，倒垃圾、擦地、洗袜子、炒青菜……都是小菜一碟……放手让孩子做家务，才能培养他的自理能力，让他体察辛苦和不易，懂得什么是付出和回报。”凡先生在《真正拉开孩子差距的不是智商，而是这五个习惯》一文中还介绍：哈佛商学院有项调查，凡课桌干净、物品摆放整齐的孩子，一般性格开朗，做事专注有耐力，成绩优秀……整理物品能锻炼孩子的观察力、动手能力和自律能力，还能在潜意识里整理、清除情绪垃圾。会整理物品，注重仪表，也就能梳理知识，规划空间，也就有可能规划好人生。

d)善于思过

人非圣贤，孰能无过。古人有“闻过则喜”和“吾日三省吾身”的说法，说明中华文明自古就有知错就改的好传统。如何正确认识和对待自己的缺点和错误，是衡量一个人是否成熟的主要标志之一，也是影响一个人成功与否的主要因素之一。

对待缺点和错误，首先应教育孩子的是不护短，不怕“丢面子”，要学习“闻过则喜”的品格。其次是反应要快，有了缺点，要及时纠正，有了错误，要彻底改正。最可怕的是原谅自己，“下次再说”——正确的做法是坚决堵住“破窗效应”：窗户上的玻璃，碎掉一块，不及时更换，接着还会有第二块、第三块碎掉。干净的墙上贴有一块小广告，如不及时清除掉，还会有人接着贴。最后，墙上会出现成片的“牛皮癣”。如果第一次迟到不介意，第二次还会说，下次再早点吧，这样的人，以后迟到可能会成为常态；如果第一次占了小便宜，还暗自高兴，可能就有第二次、第三次……以后手会伸得愈来愈长。滔滔的洪水，可能溃于蚁穴——缺点不思改正，错误一犯再犯，甚至愈批评愈犯，最可怕的结局是破罐子破摔。因此，家长及早帮助孩子发现和坚决堵住“蚁穴”至关重要。

林希严先生在《自省：最有水平的处事法》一文中介绍：曾国藩兄弟二人对自省有着截然相反的态度。弟弟曾国华“自视才华横溢”，却屡试不第。他“嫌弃考官没有眼光”，“责怪老婆管不住自己”。而曾国藩从30岁起，“坚持每天在日记中反省自己，跟朋友喝酒要反省，见到美色要反省，做梦发财要反省……他的反省日记整整写了34年，流传至今的约有130万字”。这使他“终成（清王朝）中兴之臣”。

曾国藩（1811—1872），中国晚清政治家、战略家、理学家和文学家。湘军的创立者和统帅。

兄弟二人的表现和结局，充分证明了俗话说的“小人无过，君子常错”——“无过”者成庸人，“常错”者成重臣！“思过”的重要性，由此可见一斑。曾国藩的事例说明：好习惯贵在坚持。管控吃喝，要终生坚持；锻炼身体，要像上课、上班一样，不得耽误。待人接物方面应做到：见人就笑，见长者礼让，见弱者相帮。其他方面要做到做事踏实，待人真诚，作风严谨，等等。长期坚持，就能形成一个人的口碑，这一良好的口碑将助你在人生的道路上少走弯路。

一个国家铸就了品牌，将会在全球市场的激烈竞争中，获得意外的发展效果。

2021年6月9日《参考消息》以《中国电池生产商进军德国》为题刊发了德国新闻电视频道网站6月6日的一篇文章，文中写道：

“中国电池制造商蜂巢能源投资数十亿美元，在德国萨尔州建一座新工厂。”中国的宁德时代在图林根州投资18亿欧元也建了一座工厂。此外，一些世界知名的汽车制造商，如戴姆勒、大众、保时捷等也纷纷在德国投资建厂。为什么众多厂家涌向德国？电讯稿认为，“中国人此举是要将宝押注在德国员工的素质以及德国机器的质量上”，还有德国人“对错误几乎零容忍”。

电动汽车前程远大，有实力的汽车厂商都投入巨资研发和生产高质量的电池。但这也是一个资金密集、技术密集的高风险投资项目。钱投到什么地方才能规避风险而获得丰厚的回报？众多厂商不约而同选择德国，是他们为“德国”这一强大品牌所吸引。这一品牌的广告词，就是前文沈雁军先生所概括的：“凡事严谨、缜密、认真、执着，讲究规范和坚持原则。”

第三，如何做到很好地管控自我

所谓管控自己，其实就是自律。德国哲学家康德说：“自律使我们与众不同，自律令我们活得更高级。”自律需要坚强的毅力。所以是否管控好自己，其实要解决的是一个毅力问题。如何培养顽强的毅力呢？著名习惯研究专家周士渊自有“习惯良方”。周先生指出，人们都知道“性格决定命运”的道理，而性格是由先天的“性相近”和后天的“习相远”两部分构成的，也就是由人的共同“天性”和个体的后天“习惯养成”构成的。因此，个体性格修炼的重点应该放在养成好的习惯上。好习惯的养成，需要顽强的毅力。而逐渐养成好的习惯，又是磨炼毅力的最佳途径。

周士渊先生为练就好习惯开出了一剂“良方”——“一分钟傻瓜日记”。日记开头写一个“习”,后面划一道杠并填上字,填写你要磨炼的“习惯”是什么。例如,“习——早6仰2”,表示每天早上6点起床,练习仰卧起坐2次。从量化开始,直奔目标,非实现不可。这样坚持下来,习惯一定能养成。当然,成败关键还在于要突破“前3关”——“前3天”“前3周”“前3个月”。“前3天”要咬着牙坚持。“前3周”是根据科学研究,坚持3周,一个好习惯就基本能养成。“前3个月”是指巩固一个好习惯约需3个月时间。过了3个月,到后面就越来越轻松自如,甚至偶有不坚持反而会难受,内心不安,若有所失。习惯的培养相对于毅力的培养,更具体、更容易、更具有可操作性。一个有诸多良好习惯的人,一定是一个有坚强毅力的人。

一个意志坚强的人,一定会管控好自己,一定会成为受人尊敬的人。

至此,我们明白了本书开篇所说的奠定美好人生的两大基石——强健的体魄(基石之一);健全的人格,积极乐观的人生态度,坚韧不拔的奋斗精神和管控自己的顽强毅力(基石之二)——的深刻内涵。

5. 批判性思维与创新能力的培育

第一,何谓批判性思维

所谓批判性思维,就是不轻信教条,即使是课本,也应想一想,书上讲的与实际生活是否一致。

与批判性思维相反的是跟风、从众或盲从。例如,生活中屡见不鲜的高息揽储,除了受害者贪心,还有一个诱因:大家都在赚,我也要赶快赚；遇到保健品促销，除了宣传该保健品包治百病的诱惑外，还有一个诱因：老年朋友都在买，晚了可能就买不到了。

2021年4月下旬，由河南郑州市春霖职业培训学校校长郭某等上演的一出荒诞的闹剧在我国教育界、学术界掀起了不小的风波。闹剧的剧目是实验："熟鸡蛋返生孵小鸡。"实验报告的论文竟赫然刊登在某公开发行的期刊上。这是怎么了，论文的作者和杂志的编辑要挑战人类的智商，把天下人全当成傻瓜吗？

这让人想起了某年春晚上演的小品《卖拐》。一双能蹬自行车的强健的腿，竟被忽悠成瘸子——被骗买了拐杖，还千恩万谢！然而，郭某等的忽悠功夫，绝对是任何表演艺术家所望尘莫及的。他们声称，对中小学生"全脑开发"——经脑潜能培训，不仅可以让熟花生返生，打开脑屏，还可以与绿豆对话，可以知道每个绿豆是男生还是女生。如果说，"卖拐"的话术让人捧腹，那么此闹剧的话术则令人喷饭——称其为人间第一忽悠，当之无愧也！

"卖拐"，欺骗的是一个人，而春霖职业培训学校诳骗的是一批又一批学生和家长。何以被骗？话术虽离奇得令人难以置信，但怎奈有众多大小吹鼓手在不停地鼓噪。于是，假戏成"真"——文章都登上杂志了，谁还不相信，准是傻子！

能让可以吃的熟鸡蛋返生并孵化出小鸡，拥有这等超凡本领不是天神是什么？孩子有了这样神奇的脑瓜，今后还有什么事做不成？

于是，家长忙不迭送钱报名培训……

跟风者或盲从者，一般没有自己的思想，在现实生活中，他们只看风向，然后跟着一拥而上，结局大多是掉进泥潭而不能自拔。当被大势裹挟时，他们从不怀疑，从不问为什么——盲从比愚昧更有害，它是批判性思维的天敌。

盲从，古今中外都有。前文说的苏格拉底的学生，除柏拉图外，都说闻到了苹果的香味，就是典型的“盲从”。只有柏拉图不盲从，他“唯真”，坚信自己的嗅觉，并勇敢地说出没有苹果的香味。这除了说明他“真诚”，还表明他具有批判性思维，敢于否定大多数人的意见——这是他能成为西方客观唯心主义哲学大师的主要原因。

第二，如何培养批判性思维

首先，应彻底纠正盲从的思想行为。

其次，要改变直线型思维的定式，学会多维度、多角度看事物。下面几则故事颇能发人深思。

故事一　《参考消息》转引自阿根廷《生活》月刊上的一篇文章：《买橘子》

胡安进公司两年了，工作认真尽责，从未迟到早退，也从未受过批评，他以此为傲。但罗赫略来公司只有6个月就升职了，而他却一直没升职，于是他去找经理理论。经理说，你先帮我一个忙，街道拐角有个水果店，我想给全体员工买午餐用的水果，你去看一下有无橘子。5分钟后胡安回来回复经理：那里有橘子卖。“价钱是多少？”“橘子够不够所有员工吃的？”“还有其他水果吗？”这些问题胡安一个都答不上来。

经理叫来罗赫略，给了他与胡安相同的指示。10分钟后，他回来回复经理：那里有足够多的橘子卖，售价每公斤1.5比索。此外，还有木瓜、香蕉、芒果等其他水果，售价分别是2.8比索、2.26比索、0.9比索。店主答应，如果买得多，还可给8%的优惠。

胡安不再提升职的事，而是一脸惊讶地离开了。

故事二　《倾听龙的声音》(《人民文摘》，作者：王风林)

1981 年，法国社会党领袖密特朗为增加竞选总统的筹码，特地造访中国。在游览孔庙时，他扶着龙柱拍了一幅照片。回国后，摄影师洗出照片，吓出一身冷汗——龙柱下的密特朗眼睛是闭着的。他夜不能寐，正当他一筹莫展时，忽然想起中国翻译说过的一句话：龙是中华民族的象征。他灵机一动，挥笔在照片下方题写六个大字：倾听龙的声音。密特朗看后大加赞赏，第 3 天，照片出现在法国各大报纸上。3 个月后，密特朗当选法国总统。一年后，这幅照片获得世界摄影大奖。

六个大字，为密特朗竞选总统加分，同时，挽救了照片的命运，也改变了摄影师的命运。

故事三　《曹冲称象》

三国时期，孙权送曹操一头大象，曹操欲知其重量，众人因无法称重而一筹莫展。其子曹冲虽然年幼，却曰："置象大船之上，而刻其水痕所至，称物以载之，则校可知矣。"

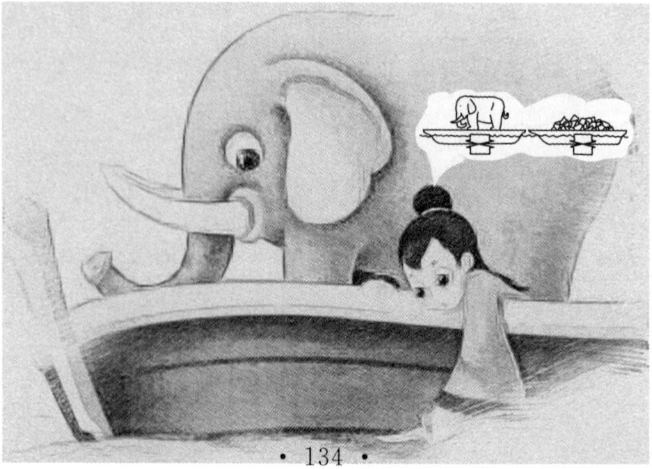

曹冲称象

故事一中的胡安是典型的直线型思维，叫他朝东看，他连向其他地方扫一眼都不会。这样的人，尽管勤恳，任劳任怨，但不受公司领导喜欢。而罗赫略是一个会举一反三的人，他具有发散性思维，能够充分领会领导的意图，领导交办的事，他会办得尽善尽美。如果是请示工作，这样的人不只是单纯听指示，他还会带去自己的方案，以备领导参考选用。这样的人，到哪儿都受欢迎。

故事二中的摄影师面对"闭眼"的密特朗，俨然已经走进了死胡同。如果是直线思维，他的上策应是溜之大吉。可他懂得：此路不通，应另辟蹊径。他终于找到通往"罗马"的更好的光明大道——"倾听龙的声音"六个大字，使得照片的"精、气、神"陡然升华了！

故事三中的曹冲，他的"金点子"惊倒身边人——而他生活的年代，距今已有1800多年！

当"山重水复疑无路"时，像胡安类就事论事之"一根筋"的死脑筋，只能悲叹倒霉而往回退。像罗赫略、摄影师、卡曼德及曹冲，一定能避开直道而"拐弯"，发现并走进"柳暗花明又一村"。四者的共同特征是：碰到拦路虎，能够多角度、多侧面思考问题，另外探寻新道路。这样，往往能开拓出一种新的更高的境界，收到意想不到的效果——这就是创新。

具有批判性思维的人，一定能够创新；创新又是锤炼批判性思维的推手。

再次，培育批判性思维需要有人生的大格局。

所谓格局，是指眼光、气度、胆识、胸襟等心理要素和外在风度。《成为极少数》的作者李栩然说，格局就是你所追求的目标的高度，你眼界的广度，你思维的深度，以及你身上所体现出来的从容大度。

培养大格局，首先应有深厚的知识底蕴，应多知道古往今来天下事。其次应有广阔的视野，要能知晓和洞察人间百业百态，这就要求在“读万卷书”的同时“行万里路”。青年学子，要走出家庭，走出校门，要亲近自然，了解祖国热火朝天的建设。要广交朋友，广泛收集与梳理与己有关的信息。要善于接受以科技为引领的新事物，把握时代的脉搏，紧跟祖国前进的步伐。

唯有如此，你才能有大格局！

凡小时动手多，玩得欢，见识广的孩子，更易于培养人生的大格局。

6. 审视时局，顺势而为

我们在确定人生目标或变更人生目标时，要审时度势，即把握社会发展的大趋势。也就是说，个人的奋斗目标，要符合时代潮流，以便借“顺流”之力奋进。这如同在江河中行船或游泳，应顺流前行，或靠船帆借风力航行。如果船逆流逆风行驶，则事倍功半。

从宏观上看，今后社会发展的大趋势如何呢？

我们在本节开篇谈到“情商比智商更重要”时，介绍了两篇文章。一篇是《未来数字时代的新职业什么样？》，预测到 2030 年会出现哪些新职业。另一篇是《尤瓦尔·赫拉利预言 2050 年人类会如何》，这篇文章的预测比前一篇又往后推迟了 20 年。这两篇文章有两个共同点。其一，都是从宏观上即从全球变局出发来把握时代脉搏，提出对人才培养的要求；其二，前者和后者虽然预测时间相差 20 年，但对人才培养的要求是一致的，即“学校应该强调通用的生活技能。最重要的是应对变化、学习新东西和在不熟悉的环境中保持心态平衡的能力”。

2020 年 5 月 27 日《参考消息》转发了美国欧亚集团总裁伊恩·布雷默的文章:《美国未能成为抗疫模范》。他认为,新冠肺炎疫情后,“我们将要踏上的前路可能通往一个支离破碎的世界”。那时,“经济差距进一步拉大,科技企业快速增长,其他企业则会掉队”。

在布雷默笔下,2020 年初开始并很快波及全球的新冠肺炎疫情,将激化社会矛盾,重创全球经济——疫情过后的世界一片暗淡,唯一亮点的关键词是“高科技”及“创新能力”。

布雷默所概括的今后世界格局,对我国经济社会发展,同样会产生重大影响。因此,我们应善于“在经济危机中育新机,于变局中开新局”,走依靠科技发展的创新创造之路。

下面,我们转向“微观”——探讨在世界百年未有之大变局下,与青年就业和生存相关的社会经济发展趋势如何,在中国这片土地上,怎样学会顺势而为?

依笔者愚见,我国社会经济发展趋势,与青年人就业和生存相关的最显著的变化有三点。

第一,产品导向性变化。改革开放后,长时间推动我国经济高速发展的“世界工厂”角色将面临窘境。人口红利已逐渐递减,环境代价无法继续承受——生产中低端产品的工厂向欠发达的国外转移不可避免。升级出口的产品和服务,是一条康庄大道。

第二,市场导向性变化。以前我国出口的商品和服务,主要是面向欧美等发达经济体。随着逆全球化思潮的冲击与美国高喊“脱钩”政策的呼声演变为实际行动,欧美市场的弱化在所难免。

弥补欧美市场的选择：一是我国外向型企业应转型为外贸、内销并举，二是进一步重视和加强新兴市场开发。例如，“一带一路”沿线的东南亚、中东、非洲、中东欧及南美洲地区。产品和服务市场的扩大化、多元化是另一条康庄大道。

第三，小康生活导向性变化。2021年7月1日，习近平总书记庄严宣告，我们实现了第一个百年奋斗目标，在中华大地上全面建成小康社会。小康及其更高的生活标准，将推动消费领域的两大变化：一是维持人生存的吃、穿、用、行等将全面升级。例如，饮食有机化，家电家具智能化，出行更快捷和更环保，等等。二是追求改善物质生活的同时，人们更加重视精神生活。

我国改革开放力度的不断加大，城乡规划的一再修订，产业政策的持续调整，等等，都是为了适应国内外形势的变化。

我国新近提出的所谓“新基建”，主要包括5G基站建设、特高压、城际高速铁路和城市轨道交通、新能源汽车充电桩、工业互联网、人工智能、大数据中心等相关新兴产业，就是顺应时代变化的具体举措。

另据2020年4月13日《解放日报》报道：

根据麦肯锡全球研究院在2017年底发布的报告，我们国家未来的行业岗位将在2030年出现重大变化。其中，创意人员大类（艺术家、设计师、娱乐业从业者、媒体工作者）的岗位需求将增长85%，技术专家大类（计算机工程师、专家）的岗位需求将增长50%，经理及管理人员将增长40%，社会互动大类（包括餐饮服务人员、零售及线上销售人员、一对一理疗师、娱乐业服务员、造型师、酒店及旅行相关从业者)将增长36%,教师大类(学校教师,高等教育、其他教育专业人士)增长119%,医护人员大类(医生、护士、药剂师、理疗师、保健师、保育员)将增长122%。

又据《参考消息》2021年2月10日报道,西班牙《趣味》月刊2021年1月刊载一篇题为《2050年的工作》的短文,现摘编于下:

随着自动化越来越成熟,手工职业将逐渐减少,但未来数十年间,在自动化浪潮中,还将涌现许多新的职业。主要有:①商业太空飞行员。②人工智能心理学家。随着AI逐渐接近人类智能,或许需要真实的人介入以维护AI的情绪和心理健康。③贸易分析师。分析产业趋势,观察竞争态势,然后做出报告,得出结论,并将其交给公司管理层。④灭绝物种复原专家。⑤生产力经理。研究企业如何紧跟发展趋势,培养员工乐于接受改变的习惯和能力,以提高企业生产力。⑥理疗师。他们为患者提供无法被机器取代的实际护理。这个职业在2050年职业排行榜中将名列前茅。⑦器官制造师。通过将干细胞研究和3D打印相结合,可以按需求培育器官而无须再等待他人捐献器官移植。⑧量子数据分析师。量子计算前景广阔,未来企业必须为这一新技术做好准备,尤其是量子加密,它对于无懈可击的安全而言至关重要。⑨软件开发员。未来只懂得编程是远远不够的。机器学习将替代基础程序员最烦琐的工作。因此,软件工程师要想继续在该领域扮演重要角色,必须将机器学习纳入自己的能力范畴。软件开发员需具备数据架构和AI理解等高水平能力。⑩3D打印食品工程师。预计到2050年,世界人口将达到90亿,传统的农牧业将难以为所有人提供食物。因此,工厂化制造食物——如人造肉和3D打印食物——或许会成为我们日常饮食的一部分。⑪无人机经理。30年后,无人机将被广泛应用于各类全球任务,例如代替卡车运货,代替客车载人。这就需要能够控制无人机以及开发、管理大型无人机机群的专业人士,以确保高效完成任务和天空安全飞行。

习近平总书记2020年5月23日在会见全国政协经济界委员时指出,应"大力推进科技创新及其他各方面创新,加快推进数字经济、智能创造、生命健康、新材料等战略性新兴产业发展,形成更多新的增长点、增长极"。为落实中央的战略部署和应对我国经济建设出现的新变化,2020年上半年,国家人社部分两次公布了25个新职业目录。主要有:智能制造工程技术人员、工业互联网工程技术人员、虚拟现实工程技术人员、人工智能训练师、区块链工程技术人员、区块链应用操作员、社区网络员、互联网营销师、在线学习服务师、网约配送员等。此后不久,又公布了信息安全测试员、社区健康助理员、老年人能力评估师等新职业目录。

面对这些新职业及其后续发展,未来的接班人和劳动者应及早做哪些准备,值得今天的老师和家长们深入思考,并制订相应的切实可行的培养计划。

上述摆在人生大道上的这六道坎,相互之间有紧密的关联性。人格健全,身心健康,这是人生奋斗的基础。基础坚固厚实,哪道坎都能轻松越过。生存环境和谐悦人,热爱阅读,能很好管控自己，又有益于身心健康、培育批判性思维和形成人生的大格局。前五道坎都跨得很好，智商就能得到提升，人会变得更为聪明，做事自然会“顺势而为”，也就能顺畅达到自己的人生目标！

近日，笔者拜读了王蒙先生的美文《人生就是一次生命的燃烧》（2021 年 4 月 2 日《新华日报》）。文章虽短，却讲明了一个大道理——“人生就是生命的燃烧”。有的人燃烧，“发出绚丽的色彩”，“发出巨大的热能，温暖无数的人心”。也有的人“欲燃未燃”，“燃烧不好”，“留下大量的一氧化碳”及其他有害物质，“带来对人类环境的污染，乃至成为社会的公害”。作者对前者表示赞赏。后者因为“无志气，无作为，不学习，不努力，意志薄弱，心胸狭窄，企图侥幸”而造成“有的虚度光阴，深悔蹉跎；有的怨天尤人，闷闷不乐；有的东跑西颠，一事无成；有的猥猥琐琐，窝窝囊囊；有的胡作非为，头破血流……”作者对他们的遭遇深表惋惜。

时至今日，在青壮年中，后者所占的人数真不少。何以至此？是他们在青少年时期，许多家长和学校都迷恋于“考高分、进名校”而疏忽了人品和其他重要生存能力的培养——他们没有跨过比升学考试更重要的人生六道坎而留下了“摔伤后遗症”！

也就是说，本书开篇所说的奠定美好人生的两大基石——凡身体强壮，又顺利跨过笔者所说的人生六道坎者，基石一定坚固。燃烧的生命必然“发出绚丽的色彩”，“发出巨大的热能，温暖无数的人心”。而相反，即使是高考的坎跨得很成功，但这人生六道坎跨不过去，也会跌入人生的陷阱——落得个“欲燃未燃”，“留下大量的一氧化碳”及其他有害物质，终将“成为社会的公害”。

师长们，孰轻孰重，还需要多说吗？

第二节 “通才”教育在海外

如同前文介绍的，我国现代教育家叶圣陶先生说，教育的本质就是培养习惯。这说明，我国早就重视“通才”教育。在我国台湾地区，把“通才”教育称为“通识”教育，又称为“全人”教育。例如，现今台湾中原大学的办学理念仍明确归纳为：“育自由思考，重责任伦理，秉全人教育。”

在本书第三章第三节，我们介绍了经济合作与发展组织(OECD)发起的国际学生评估项目。其中有一项叫“未来能力”，包括批判性思维、解决问题的能力、领导力、科技能力等。评估的结果是在“通用才能”方面芬兰学生位列第一。

像芬兰那样，在其他国家也出现了一些探索新路径的“异类学校”。新华网曾发布一则《以色列“异类学校”弃作业、重规矩》的电讯稿，介绍以色列萨德伯里民主学校的“异类”办学举措。

这所学校“没有上下课铃声，没有传统教室、没有作业、没有考试”，学校创始人奥尔认为，“作业是一切，教师是中心”的理念已经过时。学校有一个大厅，供孩子们玩耍；一间厨房，供学生学习烹饪，走廊两侧是不同的小屋子，分别供阅读、听音乐、绘画、计算机编程使用。此外，还有供孩子们玩耍的室外运动场所和设施。学生每天必须到校5个小时，他们不会被迫做任何事情——但每个孩子都意识到他们必须为自己负责。奥尔介绍，这里的校规比以色列任何一所学校都要多。但学生学会自我管理，都自然而然地接受这些校规。这所学校别出心裁之处还有——倡导试错。学生有探索和尝试失败的自由，而这种心态更有利于促成创新和勇于面对挫折。奥尔还说，常规学校偏向于教孩子服从命令、被动地做事，但是，当今和未来的创业和技术世界不需要只会服从命令的人，而需要能够思考、有新点子的人。

据说，像这样的学校，在以色列有20多所。

《参考消息》报于2018年5月18日刊载了该报记者采访牛津大学校长路易丝·理查森的长篇报道。理查森是该校建校800年来首位女校长。

当记者问及成功的大学、成功的教育时，她指出，“成功的大学应不断提出新的发现，教育学生获得批判性的思考能力以及作为尽责任公民的道德观，启发学生们的好奇心”。显然，理查森校长着重指出的这些，涉及的都是学生的社会与情感能力的培养——要知道，牛津大学一共为英国培养了27位首相，其办学成就和显赫的知名度可见一斑！

这再次说明：全球精英教育，同样都是把培养学生的社会与情感能力即培养“通才”，放在突出的位置！

第五章

父母篇

第一节 摇篮曲应该唱什么

妈妈的摇篮曲

孩子都是在摇篮中听妈妈哼唱着摇篮曲长大的。对于孩子的成长来说，比小摇篮更重要的还有一个大摇篮——家庭。大摇篮的摇篮曲是由父母共同吟唱的。这二人唱得好与坏，关系到孩子人生的成与败。

2020年《新周刊》第541期有篇文章，讲述一位家长给刚刚出生的孩子写下的寄语是："加油，距离高考还有6574天！"让孩子在出生时就开始竞争，这颇有一点黑色幽默的味道。

这位最着急的家长，界定的人生起跑线是"出生"——他错了。其实，决定人生起跑快慢甚至一辈子跑步成绩的是哺育他的大摇篮——

家庭。而这个摇篮早在他降生之前，就已经编织好了，孩子别无选择。

所以，孩子出生后，在教育问题上，父母要做的第一件事，是审视自己的婚姻和家庭生活是否美满幸福，有没有缺憾和漏洞需要弥补。夫妻二人首先应反复吟唱的“摇篮曲”是家庭和谐美满。

夫妻共同经营好家庭，是教育好孩子的前提条件。试想：如果一个家庭不和谐，孩子就如同禾苗栽在盐碱地里，是不可能茁壮成长的。如果父母经常吵闹，家庭不得安宁，这禾苗就如同栽到荒山上，不但不能健康成长，还可能扭曲变形。所以，要教育好孩子，父母的首要任务是把家庭经营好。家庭气氛应和谐、轻松愉快，充满关爱和体贴——大家都热爱这个家，依恋这个家。

2022 年 3 月 4 日，《合肥晚报》在“教育视线”栏目刊发了一篇题为《夫妻关系不睦是导致孩子出现问题的根本原因》的文章。现摘要介绍于下：

我是两个女儿的妈妈，因为原生家庭原因，我也曾是一个从小缺少爱的孩子，性格内向，甚至略有自闭。我和孩子爸爸结婚 15 年，两年前，我们私下离了婚，后来因为孩子，只好又去复婚。只是问题还在，痛苦还在。

孩子到了 13 岁便开始叛逆，郁郁寡欢，和我们不能正常交流，和班主任关系恶劣，并且身陷网瘾，成绩始终在全年级四五百名徘徊。整个家庭氛围既像个冰窖，又像火山。在这种状况下，我经常以泪洗面，痛苦煎熬，崩溃抓狂。

女儿在初三那年发烧住院，医院查不出病因。医生告诉我们孩子肝功能不好，要随时复查。到后来我们才明白，女儿的病是长期生气抑郁导致的。中考结束，得知自己进了一所不理想的高中，女儿整整哭了一晚上，状态非常不好。

在家庭教育方面颇有研究的李守营先生听说我的困惑后对我

说：你能不能改变对你丈夫的认知？想象着他就是一个值得你欣赏和崇拜的最好的男人、最好的丈夫！我开始试着从内心真正地接纳、尊重、关心他。

经过了两年半时间，我们夫妻之间的关系从一开始的冷漠到后来的和平相处，再到现如今的和谐相爱。他现在也戒掉了很多不良嗜好，在全心全意为这个家而奋斗。

在我不懈的坚持和努力下，奇迹真的发生了。

慢慢地，孩子的脸上浮现出了笑容，情绪也渐渐地稳定下来，成绩从刚入学时的全年级400多名上升到前100名，并且孩子目前自信满满，自认为成绩还有很大上升空间。如今，女儿甚至能和我面带微笑平静地讨论她所欣赏的男生，她弱项的学科和她内心最真实的一些想法。

我们有时候甚至就像一对好姐妹，这一切时常令我产生错觉：这个开朗阳光的可爱女孩真的是两年前那个冷酷的孩子吗？最令我欣赏的是女儿在我潜移默化的影响下，已经树立了她自己的人生目标。她说："妈妈，我以后也要学心理学，研究亲子关系，去帮助那些需要帮助的人。"

在我们家，曾经的夫妻关系不和是导致孩子出现问题的根本原因。现在我认识到，要想孩子变好，夫妻关系必须变好。

感恩和我并肩同行的家长、老师们！更感恩给我成长机会的亲人、孩子！

家庭的主导者——父母的确是孩子的第一任老师。父母有君子风范，孩子长大后一般不会有小人之举；父母勤奋好学，孩子一般也不会怠惰厌学……所以在谈论孩子教育之前——不，在孩子出生之前，家长应审视一下自己的家庭，如果有缺憾，应赶快弥补。迎接宝宝的到来，这比准备多么高级的摇篮都重要！

原生家庭，对孩子健康成长的影响，怎么高估，都不过分！

第二节　立志——合适的，就是最好的

一、做合适层级的优等生

对于孩子长大以后做什么，有相当多的家长走入了误区。其一，孩子今后做什么，行为主体是孩子，家长只能引导而不应代替孩子确立远大志向。其二，家长不应脱离孩子的实际情况而盲目跟风来引导——把期望值想得太高而伤害孩子。在这方面，有两类截然不同的家长都在做着同样的蠢事。一类家长是自己的学历低，现在日子过得艰难。于是，他们竭尽所能"拼"孩子——把"翻身"的希望寄托在孩子身上。他们拿自己当反面教材，警示孩子应如何刻苦学习，应考取什么样的名校，结果往往是失望。另一类家长是所谓高学历的"成功人士"。他们教育孩子永远都是：你爸（妈）我当年……盼望孩子是自己的复制品——学习永远刻苦，成绩一直优异，其结果自然也是多为失望。

这两类家长殊途同归，其可悲结局大多是：逼坏孩子！

个体的差异性很大，即使是父子之间也不可能例外。所以，家长不应追随当下家庭教育糟糕的风向，盲目地早早为孩子设定一个脱离实际的过高目标，并自以为是地认为，要达到这一目标，孩子只能做什么，而不应做什么——搞砸孩子前程的，往往是家长对孩子过多的不当干预。

家长要从高考指挥棒的迷雾中解脱出来，最重要的是要认识到时代已经变了。在农耕时代，要为"人上人"，只有当官，而只有"学而

优”才能为“仕”。因此，才有“万般皆下品，唯有读书高”之说。这一陈腐观念，需要彻底抛弃了，可事实并非如此。据说，20 世纪末，有位农村学生连续 8 年参加高考，终于考上一所专科学校。听说拿到录取通知书时，其父激动地说：“我说呢，没有煮不烂的猪头（肉）！”这是喜剧，还是悲剧？人生有多少个 8 年？

家长和学生应知晓，我国的经济形态已经在发生深刻的变化。在如今这个多元社会，“条条大道通罗马”，大家何必都在高考这一条道上拼呢！

埃隆·马斯克是全球大名鼎鼎的创业明星，大家都知道他创立了特斯拉汽车公司、太空探索技术公司等众多企业，但鲜有人知道他考取斯坦福大学应用物理学博士，只上了两天学就不上了。他的制造火箭所需的知识，是自学的。美国中央情报局前雇员斯诺登，因揭露美国“棱镜”计划等，目前仍流亡俄罗斯。这位电脑专家，其实是个高中生。我国有位叫郑晓廷的科学家，1954 年生，16 岁初中辍学，到一家小针织厂当锅炉工。因工作积极，被评上劳模，之后又被提拔当了干部。1991 年，当地一家小金矿经营不善，他被任命为矿长。他由此结识矿石，迷上矿石，在研究化石方面，取得了杰出的成就，现任临沂大学地质与古生物研究所所长。美的集团创始人何享健先生只有小学学历，但他把一个只有 23 人的小厂打造成市值超 6600 亿人民币（截至 2020 年 11 月 13 日）的家电巨头，他个人也拥有资产 1800 亿。

这些事例说明，不在乎学历，饭吃得很好的人还真不少！还坚持把孩子往高考的独木桥上赶吗？家长朋友！

生存如同登山，以自然界的 1000 米高山为例，现在将这座山分为 600 米、800 米和 1000 米 3 个层级。你要根据自己的体能和其他相关条件，确定自己能登上哪个层级——这点非常重要。毕竟能登上顶峰的是少数，甚至是极少数。大部分人可以登上 800 米，只能登上 600 米的人也不少。现在全社会都应该明白一个道理，并热烈赞美一种精神：凡是经过不懈努力，登上自己选定的目标层级的人，都是成功者，我们都应该为其鼓掌喝彩！只仰望登上顶峰者，蔑视登上较低层级者，这种偏见应该被抛弃。

青年人谋生的路径一般有三种：一是以知识为主的路径，即所谓主要靠大脑吃饭；二是以技能为主的路径，即所谓吃脑力和体力并用的饭；第三种是吃体力饭。需要指出的是，这三种生存路径与学历不一定成正相关，学历与前文所述的登山层级也不一定成正相关。也就是说，高学历者不一定能靠大脑吃知识饭，他们的生存位置也不一定是在 1000 米的山巅；较低学历者，也不一定不能靠大脑吃知识饭，他们的生存位置也有可能是在 1000 米的山巅。

生存如同登山

人的天资及各方面条件不同，如同能攀登千米顶峰者是少数人一样，吃知识饭的尖端人才也是少数人。家长及攀登者都应该明白：不要不顾自身条件，死撑着硬往高层级攀爬，这样做的结果很可能是伤害身体、挫败精神，得不偿失。在适合自己的层级奋斗，是聪明之举。所谓“适合”，还有一个最重要因素应优先考虑：听从孩子内心兴趣的呼唤，而不做盲目的逐利之人——因为兴趣是最好的老师，而盲目逐利有可能误入歧途！

无论处于哪个层级，其社会地位不应该有高低贵贱之分——重要的是：不论在哪个层级，都应该努力争当所在层级的优等生。

二、中国教育的“盲区”

笔者曾写有一篇《中国教育的误区和盲区——兼谈确立大职业教育观》的文章。所谓“误区”，是指学校和家长对孩子只拼“成事”而忽略了“成人”教育，造成了包括损害孩子身心健康等许多严重后果；所谓“盲区”，其一是指小学、初中辍学生；其二是指中考、高考总分只考了100多分的“正规”初、高中毕业生。他们谈不上有多少系统的文化科学知识，有的甚至连读写都困难，他们中有的是事实上的半文盲——他们也可以称为“在校辍学生”。这部分人今后出路何在？他们指望什么谋生？他们或许只能沦为打临工一族，过着近似于“流浪者”的生活。他们中有的人极有可能成为我们这个社会不安定的因素。2014年7月5日17时03分，杭州一辆7路公交车遭人纵火，致使32人受伤。纵火者包某某，34岁，甘肃人，初中文化。他辍学后便在外流浪，未婚，患有肺结核病，已经多年与家庭失去联系。纵火者自己也烧成重伤。笔者认为，他纵火，可能是对生活失去了信心，抑或兼有报复社会的病态心理。

包某某，是一个典型的中国教育“盲区”下的孩子。包某某犯下纵火罪，而其他像他这种情况的可能会沦为偷窃、诈骗、抢劫、吸毒贩毒等罪犯。这种现象值得警惕和反思。

三、改变教育“盲区”下的孩子的方法

我们有没有改变这一现状的办法呢？有！包某某们的祸根是从不愿动脑筋学习文化科学知识开始的，那就改为学习以动手为主的一技之长吧！这是一条适合他们的生存之路。

笔者所谓的大职业教育，就是职业技术教育应该惠及那些处于文盲、半文盲状态的中国教育“盲区”下的孩子。他们的入学，应该不设年龄和文化课考核门槛。

怎样达到这一目的呢？笔者以为：在正规的职业技术院校之外，创办另一类职业技术学校（或者称之为准职业技术学校），即办成“作坊式的学校”或者“学校型的作坊”，开设传授技艺的各类培训班或作坊，如车、钳、铆、焊培训班，或者木雕、石刻、陶艺、厨艺等作坊。它们不同于普通职业院校之处是：主要“教学”模式是师傅手把手教会徒弟某种技艺，以解决其日后谋生的“硬实力”问题；不同于传统的作坊之处是：学员不单纯当学徒，还应有老师教授他们最基础的文化科学知识。具体方法是，因人施教，不以编班按年级的进度统一推进，而是根据他们现有的文化知识基础和今后生存需要，选学一些与日常生活、工作有关的文化科学常识，重点是提高他们的读写能力，并培养他们良好的待人接物“软实力”。不开设他们听不懂的课程，免开他们不愿学的课程，经过一定时间的技艺学习和文化课补习，应该能解决他们今后生存中面临的诸多问题。

准职业技术学校，学制可设三年、五年，甚至更长。考试合格者，国家应颁发相应的职业技术院校毕业证书和专业技术等级证书——社会应予以肯定和尊重。

2021 年 3 月 17 日，中央电视台在《焦点访谈》栏目报道了山东临沂志愿服务团一对一帮扶孤贫儿童的感人事迹，给人以深刻的启示。

在临沂市一些偏远落后的山村，一些孤贫儿童因为各种原因失去了父母的呵护和长辈的监管，处境令人担忧。他们不仅物质生活贫乏，更重要的是缺少亲情与陪伴。他们有的离群独处，变得性格孤僻，目光呆滞；有的在外游荡，打架斗殴。服务团的志愿者们明白，这些孤贫儿童需要的不只是物质财富解决温饱问题，他们更需要的是亲情，他们干涸的心灵需要爱心来浇灌。有位叫徐俊杰的儿童，8 岁辍学，11 岁失去母亲，3 年后父亲也去世了，无人管教的他整天在外游荡滋事，成了派出所的常客。志愿者陈德功将其接到自己家，不仅处处关爱他，还在家中教他识字。慢慢地，他完全融入了陈家。让人感动的是：他长大后彻底变成另外一个人了——2020 年疫情期间，在众多的抗疫志愿者中，我们高兴地看到了徐俊杰的身影！用志愿者们的话说，就是他们已经将歪脖子树扶正。

临沂孤贫儿童志愿服务团为我们帮助孤贫儿童提供了好的方法，指明了正确的路径。但仅靠志愿服务团或其他慈善机构和民间人士，并不能从根本上解决问题。笔者认为，这些孤贫儿童应该

孤贫儿童志愿服务团帮扶孤贫无助儿童

被安排到“准职业技术学校”或“准职业技术学校＋孤贫儿童志愿服务团”进行学习。

政府的教育主管部门应设有专门的机构统筹安排管理孤贫儿童。这一专门机构应与教育部门设置的其他机构一样，有人、财、物的处置权，有行之有效的运行管理规章制度。

拯救他们应从早期辍学开始，负责管理他们的教育机构，要像普通学校招生一样，每年分批次进村入户搜寻辍学者并登记造册，评估每个人的情况，然后将其安排到适合他们成长的场所。“准职业技术学校＋”主要有三大任务：一是“疗伤”，即抚慰他们的心灵。这就要求有陈德功式的“慈父慈母”来当他们的生活老师。二是学技艺，要选配有真本领的手艺人来当他们的师傅，以保证日后他们有生存的“硬功夫”。三是补学文化科学常识，重点是解决读写问题。

“准职业技术学校＋”实际上是将教育的功能前置和扩充，为“树人”补课。这项工作做好了，就等于斩断了相当多罪犯出现的链条——可能的罪犯将变成有用之才，何乐而不为呢？

其实，类似这样的教育模式，在我国现代教育史上，已经出现过。二十世纪二三十年代，著名教育家陶行知先生与朱其慧、晏阳初等人创办了中华平民教育促进会、山海工学团等教育组织，让报童、流浪儿等社会底层儿童也能接受教育。他发表《中华教育改进社改造全国乡村教育宣言书》，主编《儿童科学丛书》。提出：“生活即教育、社会即学校、教

陶行知（1891—1946），伟大的人民教育家、思想家。我国现代教育改革的开拓者。

学做合一”，还提出“工以养生、学以明生、团以保生”，让工场、学校、社会打成一片。

陶行知强调教育应为平民大众服务，应惠及社会底层人民，尤其是身处苦难之中的少年儿童。

如上节所述，我国的产业在快速升级换代：由低端的劳动密集型、资源消耗型向技术、资金密集型转换。那些消耗体力、机械性的重复劳动，市场将越来越狭窄。而高端制造业、“新基建”及其他新兴产业等，急需大量各类专业技术人才。为此，国家投入大量人力、物力和财力，加强各级各类职业技术教育。可惜，有许多家长认识滞后，他们仍然企图一个劲往孩子的小脑袋瓜里强灌知识，并且用羡慕的眼光紧盯山的顶峰。有超前意识的家长，应在孩子初中毕业前评估一下，孩子今后吃哪一碗饭最合适，登山登到哪个层级为最好——这如同农民面对着禾苗评估产量：产量高低是由种子、土壤等先天条件和后天水、肥等人工管理决定的——顺其自然为好，强求的结果一定是失望和懊恼。

四、每个孩子都应该有美好的前程

2013年，《国际先驱导报》记者采访日本作家盐野米松后，写了一篇题为《盐野米松：手艺人的生命史记录无处安放的宝贵记忆》的报道。

盐野米松问中央美院的学生，如何看待匠人。学生回答：生活在社会底层，非常贫穷，长年累月地做一件事。话语间流露出明显的优越感。盐野米松说，在日本，“被称为‘匠人’，这意味着你受到极大的尊重”。他们待遇丰厚，生活舒适体面。他还介绍：就是在日本丰田公司的现代化生产线上，“其中仍然有一道工序需要由老的手艺人亲手完成”。据说，世界重要体育赛事所使用的顶级哨子，就是在日本的一个小作坊里用手工制造的。欧洲的一些日用品，凡手工制造的，都被认为是最好的，比如：手表、玻璃制品等。

2019 年日内瓦车展上最贵的一款车是布加迪超级跑车。时速 420 公里，售价 1250 万美元。其设计师艾蒂安说，车上的每一个零部件都是手工打造的。

“人民网”2021 年 6 月 7 日刊发一篇题为《奥地利“学徒制”提供别样选择》的文章（作者：王娟）值得一读。现介绍于下：

◎他山之石

奥地利“学徒制”提供别样选择

近年来，全球经济面临众多危机与挑战。在欧盟国家中，奥地利一直经济运行平稳、失业率较低，这与其历史悠久、体系完备的职业教育以及在“双元制（学徒制）”职业教育体系中培养出的大批技术人才密不可分。

奥地利实行 9 年义务教育，包括 4 年小学和 5 年基础中等教育。初中毕业后，学生可以做出不同选择：少部分学生继续就读高中，按部就班升入大学；更多学生则会进入职业学校。2020 年奥地利职业教育学生比例高达 68%，远高于全球平均水平。

在奥地利，国家专门设立《学徒法》对职业教育加以规范。在这种将在校学习与实习就业相结合的“双元制”教育模式之下，学校和企业共同承担培养技术人才的任务。作为“学徒”的学生通常每周只到校上课一天，另外 4 天在相应企业进行实习，由经过奥地利联邦商会培训的师傅来指导工作。学徒时间大多为 3 年，这期间能够领取工资和补贴。职业教育结束后，学生必须通过“学徒毕业考试”，从而成为理论扎实且拥有丰富实践经验的技术人才。职业教育培养出的学生在就业市场上具有很强的竞争优势，工资待遇并不逊于大学毕业生。

同世界其他国家相比，奥地利社会和公众对职业教育的认可程度更高，学生不认为从事“蓝领”工作不体面，大学不再是通向成功职业生涯的唯一途径。

在我国，匠人普遍贫穷，那是老皇历；被人瞧不起，也是陈旧的陋习，一切都在迅速地改变之中。我国的一些非物质文化遗产传承人，虽然没有高学历，但仍被尊为大师，成为“国宝级”的人物。

我国制造“大国重器”的高端制造业，像前沿机电类产品，紧缺的就是顶级技师。2018 年 12 月 2 日晚，中央电视台在《魅力中国城》栏目中推介了山西省中车永济电机公司几位技艺精湛的工人师傅的业绩。他们都有自己的工作室，享受国务院政府特殊津贴，这是市场导向性变化给就业带来的机遇。

市场导向性变化给我们的启示是：出国学习、外包工程和劳务输出，以前都涌向欧美等发达经济体，现在的思路应该是：发达经济体与“一带一路”沿线新兴经济体并重。例如，在学习英、法、德、俄、日等语种的同时，也应重视一些小语种的学习，为开发新兴市场做准备。更加美好的小康生活的到来，为就业提供了许多新的选择。例如，参与美好乡村建设；开发环保、有机的农副产品；发展旅游业；优化养老产业和家政业；推动传统文化产业如戏曲、舞蹈、魔术等的创新以及将体育与医疗养生相结合等新产业的开发；开发新兴的智能文化产品，如电玩和动漫等。这些新情况、新变化，都为中国教育的“弃儿”，成长为新时代建设祖国的强大生力军，提供了上“职业技术学校”或“准职业技术学校”学习有关专业技能的机会，开辟了新的广阔前景。

当下，在最平凡的工作岗位上，写出最精彩篇章的大有人在。这就是说，“弃儿”很有可能变为“宠儿”！

2020 年 8 月 5 日《解放日报》以《快递小哥成为“高层次人才”后》为题，报道了 90 后快递小哥李庆恒来杭州五年取得的成绩——他因在浙江省第三届快递职业技能大赛中获得“快递员”工种第一名而被评为杭州高层次 D 类人才。李庆恒来自安徽阜南县，18 岁读到高一便辍学到杭州打工。他当了快递员后，因为“脑袋聪明，有干劲，肯吃苦，操作技术熟练”，于 2016 年被公司选拔进入省技能大赛团队。经过刻苦的学习和训练，他掌握的快递知识和技术，都得到了极大的提升(据说，他能背诵全国邮政编码)。最终他不负众望，夺得了大赛第一名。按照杭州市的政策，他已将户口迁入杭州，同时享受购买首套商品房可获得 100 万元补贴的待遇。

快递小哥成为杭州高层次人才

在 2021 年 3 月召开的第十三届全国人民代表大会上，有一位年轻的面孔，他就是 1995 年出生的湖南省全国人大代表邹彬。

邹彬的故事颇令人叫绝。他出生在湖南新化农村，父母常年在外打工，是典型的留守儿童。他勉强上了初中又不得不辍学。幸运的是，他辍学后外出跟随父亲学瓦工手艺，从而进入砌筑这一领域。如今他是中建五局项目质量管理员。此外，他还有众多头衔：全国优秀农民工、全国技术能手、全国劳动模范、湖南省五一劳动奖章获得者等。他何以赢得如此多的荣誉？因为他砌筑技术精湛，在这一领域的各类大赛中，他一路过关斩将，最终进入第 43 届世界技能大赛，并荣获优胜奖和中国区砌筑项目冠军。

根据邹彬在两会通道的讲话以及2021年3月28日在中央电视台《面对面》栏目的访谈，笔者总结他获得成就的原因有如下几点：第一，他保持着农村人的纯朴、本真，就是本书第四章第一节描述的所谓“真人”，也就是没有为浓厚的商业氛围污染，没有“化妆”，没有“表演”成分而“真诚做人”的人。例如，农民工砌墙是按照每人每天完成工作量的多少来计算报酬的。他重视质量，不在意报酬多少。有人说他傻，但他仍我行我素，对自己砌得不满意的，推倒重砌。他说，造的房子是住人的，要替住户着想，质量要永远放在第一位。陶行知先生说：“千教万教，教人求真；千学万学，学做真人。”正如陶先生所说的，邹彬学砌筑，是在“求真”；在做人上，他学做“真人”。第二，他身体好，心态好，积极乐观。他坚信“幸福来自劳动”，“现在不努力，将来不给力”。他有恒心，他的目标是用精湛的技术打造完美的产品。第三，他意志坚强，不畏艰难险阻。砌筑，不是仅靠吃苦就能做好的。高质量的砌筑，要用到几何知识，但刚开始时他看不懂图纸。要有所进步，必须要掌握一定的理论知识，必须要懂得设计绘图。为此，公司为他派来了老师，他克服文化功底差的困难，下定决心，攻坚克难，最终胜任砌筑质量管理员的工作。第四，他心胸宽广，志向远大。我们高兴地看到，邹彬仍在利用业余时间学习CAD制图。他还表示，要通过自学考试，获取大专文凭。他志向远大，不仅表现在个人发展规划上，还体现在要为公司培养更多的“大国工匠”上。2018年，公司成立“邹彬劳模和工匠人才创新工作室”，他要培养和带出一批又一批“小邹彬”。在十三届全国人民代表大会上，他带来的话题是：农民工如何向现代产业工人转移——这是一个时代的重大话题。果真转移成功，全体农民工在小康的路上又将跨上一个大台阶，整个国家在现代化的道路上又将前进一大步。

邹彬的精彩故事，给广大教育工作者和家长至少有两点重要启示。第一，邹彬没有能力跨越“高考”的人生坎，但笔者归纳的另外人生六道坎，例如健全的人格、勇于奋斗的精神、坚强的意志、严格的自我管控能力、善于替他人着想的品格和博大的胸襟等方面，他都跨得非常出色。也就是说，他的“通才”是出类拔萃的，而“通才”比考高分进名校更重要。第二，那些坐在传统教室里不愿学、学不好的学生，换一个环境，换一种教法，也许就能学得很好——像邹彬那样。邹彬上过初中，是学过平面几何的。但对这门课程，他是“在校辍学生”，等同于没学过。而在建筑工地这个大课堂，他学得很精彩。这说明，对不同的学生，不仅要“因材施教”，还应“因地施教”——那么多在学校读不了书的辍学生，为什么不多办“准职业技术学校”，来“因材”“因地”——在实践中施教呢？

给每个学生（而不只是考高分的学生）提供成功所需要的助力，这是教育的本质特征，也是教育的根本使命。但愿在《方案》的指引下，我们的教育能改弦更张，不再丢弃“差生”，而应帮助他们像邹彬那样出彩！

第三节　父母应与孩子共同成长

一、重视父母与孩子在互动中存在的问题

这孩子与家长见面时的表现，真可谓千姿百态。大多数孩子是蹦蹦跳跳地牵着家长的手，笑嘻嘻地与家长对话，仿佛在告诉对方各自的好消息。有少数孩子尚未脱去稚气，见到妈妈则张开双臂扑向妈妈。妈妈则俯下身子，将孩子搂进怀里，那情景颇似久别重逢——双方脸上都荡漾着春风。也能看到，有的家长板着面孔在前面快步走，孩子像闯了祸似的，无可奈何地跟在后面跑……

以上文字是笔者拙文《做真人，行正事——放学接孙子所看到和所想到的》中的一段话。当看到家长与孩子的种种表现，我想到了什么呢？

家长与孩子的互动，有三种类型：第一种，像是互相欣赏的亲朋好友，显得亲密无间；第二种颇像亲人久别重逢，互相都急不可待地要拥抱倾诉；第三种则是似心生厌烦而又不得不见面的生意场上的对手，显得冷淡而又互相排斥。家长和孩子之间的关系，前两种我们称之为快乐健康型，第三种则属于焦虑伤害型。如果家长与孩子之间的互动，长期以截然不同的方式持续下去，所产生的两种截然相反的效果会让人们惊愕。快乐健康型关系对孩子的成长成才会产生巨大的正面推动力——家长与孩子进行朋友式的倾

心交流，能帮助他们养成开放式的思维，确立自信心，从而形成健全的人格。这是“通才”培养中最重要的才能。而焦虑伤害型关系的最明显特征是家长与孩子难以沟通，其父母对子女的态度又有两种表现形式。其一是咆哮式，其二是数落式。这种用“暴力”和“冷暴力”来管教孩子的方式，其后果不堪设想。

心理学上有个说法叫“标签效应”。如果父母见人就数落自己的孩子，给其贴上“又懒又笨、是班级最差生”的标签。这是一种消极的心理暗示，久而久之，孩子有可能就真的变得又懒又笨，甚至如标签所示，向班级最差生的方向滑去。而鼓励和表扬的标签所起的激励作用，将会使孩子变得越来越优秀。

与孩子互动不当的父母，有学者将他们划分为四种类型：A. 情绪型：心情好，就对孩子好；心情差，就粗暴地对待孩子。B. 驱动型：追求完美，对孩子要求过高。C. 消极型：逃避问题，不愿管孩子。D. 拒绝型：永远否定孩子，企图以此激励孩子。这四类父母，都会给孩子的健康成长带来不同的严重后果。何以至此？究其原因，是这些父母在自己成长时“发育不良”。

二、孩子也是父母的老师

从孩子呱呱坠地开始，父母就扮演了一个全新的角色。就父母的生命历程而言，这一角色是完全陌生的。如何去认识新生命，如何去面对和适应增添小生命的“新世界”，要扮演好自己的新角色，父母必须要努力学习，与孩子共同成长。有人说，孩子是父母的老师，他督促父母把自己在成长过程中疏漏的课程补上。例如，前文提到的情绪型、消极型、拒绝型等类型的家长，他们的社会心理发育原来就不健全，他们仍然是“未成年的大孩子”，心理发育存在缺陷而又没有得到应有的矫正。现在面对孩子，面对孩子的“错误”,这些问题便浮出水面。与孩子共同成长,父母必须补上这一课,这也是我们为人父母的一大幸事。

三、瞎管就是错把正常的生命现象当成问题

在现实生活中,商界签订合同,有一条叫免责条款,即不可抗力造成的损失是免责的。而婴幼儿所有的言行举止都是免责的,在洁白的墙上涂鸦、划破纱门、打碎碗盘——这类“错误”都是成长过程中正常的生命现象,如果没有这些,这孩子倒是有点怪了。聪明的家长不是责骂孩子,而是跟着孩子一起乐!但事后要慢慢告诉他们一些生活常识和道理,让他们随着年龄增长,学会遵守成人世界的生活秩序。民间把淘气的孩子称为“五爪猪”,把七八岁的孩子称为“狗都嫌”。“五爪猪”也好,“狗都嫌”也罢,这都是正常的生命现象,他们闯下的“祸”,应该免责。

《窗边的小豆豆》描写作者黑柳彻子自小淘气调皮,被老师说成是“坏孩子”,上小学一年级就被学校开除了;爱迪生仅仅是不爱学习功课而又爱向老师发问,也在上小学3个月后就被学校开除了。好在他们都有一位伟大的母亲,否则,这世界上就少了一位著名作家和一位造福人类的伟大发明家。他们好动,好奇,好发问,这诸多优点被老师判定为调皮、淘气,是不爱学习的“坏孩子”。错误判定孩子在成长中正常的生命现象,就造成是非颠倒,险些扼杀天才的后果。

孩子在成长发育过程中出现的“不雅”言行均属正常的生命现象,有些家长能认可,有些家长则无法接受——这完全是家长的过错。家长应努力学习新知识,改正错误,以免给孩子造成不必要的伤害。例如,刚学步的孩子,走路摇晃;刚学说话的孩子,语音含混。这些家长认为是完全正常的,大人甚至会以此逗乐。但另一些也是完全正常的生命现象,却因为不符合成人的认知,不符合成

人社会秩序的惯例，就要招来责骂。例如，笔者曾在公园里遇到一位年轻的父亲抱着两岁左右的女儿，女儿哭闹着要回家，父亲也正抱着她往家的方向走，但女儿仍然哭喊着要回家。父亲生气了，高声喊着："我们是在回家！"女儿的哭声没有停息，父亲也仍然在发怒。两岁的孩子对时空环境认知能力弱，她可能要看到小区大门，才相信是往家的方向走。她父亲却认为，我们已经在往家走了，你还哭闹，就是不听话。前文写的3岁小女孩在果盘中滚动小圆球玩乐，遭到了姥姥的责骂，原因也是这种"错位性"冲突——孩子心中只有玩乐而没有担心，姥姥完全不理会孩子的乐趣，而只担忧果盘可能会破碎。这两个小女孩的"不懂事"，恰如孩子蹒跚学步，牙牙学语，都是孩子在成长过程中正常的，甚至是必须经历的生命现象，家长大可不必担心，更不应怒斥。随着年龄的增长，他们慢慢就不会再做"傻事""蠢事""笨事"了。

有个小男孩，刚上学学写汉字，这"一"字就是写不直，家长着急，严厉要求孩子擦去重写。同样，初学造句、初学写作、初学加减法，有可能都要闹出笨拙的笑话。但这都不是孩子生来就笨，不是智力问题。而是如同学走路摔跤一样，摔几次跤，孩子慢慢就能学会稳稳当当地走路。碰到这种情况，家长不要着急上火，而需耐心等待他"成长"。这位写不直"一"字的小朋友，如今上三年级了，汉字写得很工整。

上述案例，说是家长认知有误，多数人会赞同。下面的案例，不知家长们是何看法。

爷爷奶奶带着4岁的孙子在操场玩。孙子要去沙坑玩沙，奶奶怕弄脏衣服拉着他说"不可以"。又遇见两个孩子在玩小汽车玩具，孙子欲凑上去参与玩车，爷爷拽着他说"不许"。玩沙，是一项健身又健脑的活动。观看小朋友玩玩具或一起玩玩具，这是结识伙伴、培养团队精神的好时机。这也不行，那也不许——如此阻断孩子的动手和社交能力,他们能健康成长吗?

2020 年 6 月 19 日“人民网”有篇题为《教育孩子,温柔中立威》的文章。文中介绍了大连医科大学附属大连市中心医院心理门诊副主任邹霞的育儿经验。她认为,“很多孩子无理取闹”,“想买玩具当街打滚、追逐打闹嘲笑小伙伴……这是孩子成长必经的过程,根本算不得错”。

好一个“孩子成长必经的过程!”真是高见,笔者完全赞同,盼望家长们也能认可。但与此同时家长必须做到:当街打滚得不到玩具。其一是为立规矩——哭闹得不到想要的东西;其二是延缓满足能磨炼孩子的忍耐力。关于“追逐打闹”,要明确告诉孩子:不得在公共场所和交通要道打闹。关于嘲笑小伙伴,要教育孩子把握分寸,嘲笑不得有损人格和尊严,带有善意的幽默性的调侃是可以接受的。

现在的家长,大多数从自己父母那里没有学到应有的科学育儿经验。所以,他们基本上都是“育儿盲”,多以成人的感受来对待孩子,发生“错位性”冲突在所难免,管教的结果往往是适得其反。

家长即使是博士后,学习育儿知识,增长育儿智慧,仍然十分必要!

笔者最近读到一篇题为《一个好童年,幸福几代人》的美文。我完全赞同该文作者的观点:现在的家长,你们用科学的方法把子女教养好,等到你们当爷爷奶奶时就用不着再为孙子辈的教育问题发愁了——你们现在狠下功夫学习,将惠及一代又一代人。

第四节　施爱与立威

一、要不要施爱，如何施爱

美国心理学家华生反对滥施母爱，主张要严厉、狠心教育孩子。他实践的结果是：大儿子自杀身亡，女儿自杀未遂，小儿子过着流浪汉式的生活。笔者认为，中国个别家庭粗鲁、野蛮的教育，实际上是“丛林法则”——强者绝对支配弱者——的遗毒。

如今的父母对孩子，大多是物质上施爱有余且不恰当（例如出现“隐形饥饿”问题），而精神上的施爱却不够，并且也不恰当。

2018 年 12 月 6 日《保健时报》刊发了尹丽丽的《父母说话的语气影响孩子一生》。

儿童乐园里，一位四五岁的小女孩在哭，妈妈不耐烦地问：“怎么又哭了？”女孩没有回答，伸出双臂希望被抱。妈妈一把推开她说：“我让你说话呢！”小女孩哭着说，小朋友不和她玩。妈妈说：“自己的事情自己解决。”这位小朋友长大后，可能会事事独立自主，但她也可能不会相信友谊和爱情，“连我妈妈都不在乎我的感受，还有谁会真正在乎我呢？”

刚上小学的孩子，家长一般都会要求每天上学前，自己把课本、文具收拾好，这是应该的。但若某天孩子起床晚了，手忙脚乱地又要吃早饭又要收拾东西，这时妈妈应变通一下：帮助孩子收拾东西。这能让他感受到:我需要帮助的时候,有人来帮助我,那么别人需要帮助的时候,我也应帮助别人。五六岁的孩子应学会自己洗澡,但偶尔妈妈凑上去,为孩子搓搓背,他会倍感温暖。孩子刚刚分床单独睡觉,如能偶尔挤到爸妈床上,说说悄悄话,他会有被爱包裹着的别样体验。

但家长的下列做法不是施爱而是伤害:

充当孩子的保姆:本该由孩子自己动手做的事,家长代劳了;

充任孩子的秘书:本该由孩子思考的事情,家长却提前帮助做好了;

乐于做孩子的清障机:该由孩子自己在前进道路上奋斗的事,例如择校、各类考级等,都由家长托人情找关系搞定。他们像扫雪机一样来为孩子清除前进道路上的一切障碍。

充当保姆和秘书,是在弱化孩子的生存能力。除了背诵死知识,这些孩子长大后将很难有其他长处,离开父母独自生存,将困难重重。

这些家长应该明白:人品与能力比金钱与关系更重要! 勤奋比运气更重要!

对待孩子明显的缺点和过分的要求,家长如何"施爱"与"立威"呢? 例如,孩子挑食,家长不得一味地满足他们的要求,要啥做啥买啥——这样的施爱,是在坑害。家长要求孩子吃胡萝卜煮米饭,他抗议的办法是宁肯饿着也不吃饭。这时,家长要讲清这一食材对儿童长身体的益处。如果感到口味不适,也可以改变烹饪方式。在做了这些工作之后,孩子仍然抗议,那家长就要学会拒绝和坚持。他想要的,在计划外的坚决拒绝。他不想吃的,家长应顶住他们的抗议——这一顿不吃,下一顿还是如此,再下一顿还是如此。这种"斗争",家长应不急不躁不跳,而应采用有计谋的"软"对抗。这时,家长要有"狠心",要有"韧劲"——你只要意志坚强,坚持再坚持,孩子的毛病一定能改掉,胜利的一准是家长。一次、两次、三次,家长胜利了,以后在其他方面,孩子的过分要求会越来越少,他也会更多地听从家长的劝告。这是一种更重要的“施爱”与“立威”,在 6 岁前,矫正孩子的这类毛病,都有很好的效果。

二、立威的妙招

家长有威望,孩子就会尊敬你、崇拜你、依恋你。显然,这不是揭孩子的短处所能做到的,也不是靠喊“一、二、三”吓出来的,更不是靠斥骂甚至动手威逼出来的——如此做的结果,只能使家长的威望逐渐丧失,与孩子的心理距离越来越远。

怎样立威呢?答案是,只有施足了爱,才能立最好的威。何谓施足了爱?最重要的是:父母对子女施爱应是无条件的,爱他们的优点,也应正确看待他们的缺点——从爱的角度帮助他们克服缺点。下列两种情形,是父母的大忌:一是像本章第三节提到的“情绪型”家长:“心情好,就对孩子好;心情差,就粗暴地对待孩子。”二是凭自己的认知,喜欢孩子的“优点”,不能容忍孩子所谓的“缺点”。这两种家长导致的严重后果是:孩子慢慢学会观察家长的情绪,揣摩家长的喜好,然后在家长情绪好的时候,按照父母期望的样子来表现(演),以获得父母的关爱和赞赏。久而久之,孩子就被训练成“讨好型人格”。本书第四章第一节论述了师长对孩子长期“咆哮式”的管理,会造成孩子向两个危险的方向发展:一是滋生“逆反心理”,并有可能种下暴力倾向的种子;二是培育了“奴性人格”。其实,“讨好型人格”与“奴性人格”的差距,只有一步之遥——家长应反思:我们在把孩子往哪条道路上引?何谓立最好的威?所谓最好的威望是:在公开场所,孩子如有不当言行,家长使一下眼色,他就能立马领会,并且脸红、打住、改正。

家长有如此高的威望,并且与孩子“心有灵犀”,达到这种境界，绝非一般功夫。

“施爱”与“立威”，是对立的统一。父母只有“施爱”才能“立威”，“立威”又是为了更好地“施爱”。

华衣美食不等于施爱，责骂暴打更不能立威。爱，是温柔的声音；爱，是热情的赞颂；爱，是温暖的爱抚；爱，是亲切的拥抱；爱，是耐心的陪伴；爱，更是细声慢语的坚决拒绝！

第五节　倡引导赞美，戒絮烦唠叨

一、教育即引导

“教育”一词，拉丁文本意是“引导”，就是将受教育者的专长，从其天性中引导出来，加以培养。

本书第一章第五节写的日本著名作家和电视节目主持人黑柳彻子(在其自传体作品中叫小豆豆)，第三章第三节写的美国发明家爱迪生，他们是不同时代不同国家的人，但他们都在小学一年级就被各自的学校开除了。前者的缺点是总不安静，太爱说话，扰乱课堂秩序；后者是太喜欢提一些奇怪的问题，时常弄得老师很窘——两者课堂学习都不努力，成绩很差。在美国和日本这两所学校的老师看来，这样的学生已经无法教育培养，只有开除了事。但小豆豆的妈妈以及后来接受小豆豆的另一所学校的小林宗作老师不这么认为。小豆豆爱交往，善于表达，小林老师夸她“是一个好孩子”。爱迪生有奇思妙想，好提古怪的问题，这正是他骨子里有发明创造基因的表现。没有学校愿意收留他，他只能进妈妈的一人学校——妈妈疼爱他，教育他，引导他。

这两个孩子由“垃圾”变成“金子”，功在两位母亲，功在小林老师！他们善于将孩子的专长从孩子的天性中引导出来，终于成就了大事。

所以，我们反复强调：老师和家长爱学生、孩子，既要爱他们的优点，也应爱他们的缺点。

“天生我材必有用”，这是千真万确的古语。老师和家长们，你们认真观察并了解自己的学生和孩子吗？如何将他们的专长从其天性中引导出来，并发扬光大，以助其走上成功之路。这是老师和家长应该经常思考的问题。

在这方面，有位典范母亲，现介绍如下：《家庭》杂志 2017 年第 5 期刊发一篇题为《把三个孩子送进哈佛：母亲的办法很简单》的文章。这位母亲叫方莉，20 年前来到美国。她和丈夫都是西安交大毕业的，两个女儿是在国内出生的，儿子是在美国出生的。这位被称为“哈佛妈妈”的母亲育子办法有三招。

第一，一定要搞清楚孩子最需要妈妈给予的是什么？最忌惮妈妈的又是什么？孩子最需要妈妈给予的永远是慈爱。不愿公开夸赞自己的孩子，是中国人潜意识里的习惯性思维。方莉认为，美国人对孩子毫不吝啬的赞美，对亲人毫不掩饰的爱，值得学习。此后，她也把“我爱你”挂在嘴边。孩子有了成绩，她说“我爱你！”孩子遇到挫折，她在帮助的同时，仍说“我爱你！”她认为，这三个字能拉近孩子与自己的距离，更能消除孩子对家长的抵触情绪。父母对孩子的关爱、赞美和鼓励，确实可以培养孩子的自信，使他们有克服困难的勇气，从而自觉地努力进取。

孩子最忌惮妈妈的是什么呢？唠叨。妈妈不放心孩子，教导他们这样，教导他们那样。说多了，孩子必然厌烦，甚至反感。方莉意识到后，与他们约法三章：“每天留出 5 分钟听我说，只要 5 分钟。”此后，她每天想好要与孩子们说的话，趁吃饭前后只说 5 分钟，女儿们再也没有跟她“逆反”了，甚至对她悄悄地说心里话。

第二，不把孩子培养成一台读书和考试的机器，放任儿女自由自在地成长。大女儿同班有位美国同学，成绩十分优秀，母女俩一度都羡慕她。但后来得知：她的成绩是以牺牲快乐和幸福为代价的，根本不可取。大女儿上高一时，感到自己没有考名校的实力，明显地表现出信心不足。为鼓励她，方莉想方设法捕捉她身上的闪光点。在一次闲聊中，妈妈发现女儿在一份比赛报告中的想法非常新奇。她抓住机会，用了20多天时间和不菲的金钱，为她申请到了专利。最终大女儿重拾信心，干劲十足，终于顺利考进哈佛。

在发掘孩子长处的同时，方莉更善于宽容孩子的短处。她的二女儿性格外向，业余爱好多，成绩较差，小学一年级读了两次，一直到八年级上学期都分在成绩较差的"慢班"。方莉没有让她补课，也没有逼着孩子放弃课余爱好。相反，她发现二女儿对溜冰非常着迷。于是她帮女儿找冰场，雇教练，买冰鞋和冰服，陪女儿上溜冰课。

溜冰是一项艰苦的运动。二女儿时常摔伤，但这磨炼了她的意志。她的溜冰成绩在快速提高，终于能代表美国队到德国参加比赛，这极大地提升了她的自信心和进取心，她的学习成绩也在稳步提高。八年级下学期她被转到"快班"。很快，她的成绩在"快班"也名列前茅。最终，她也以优异的成绩被哈佛大学录取。

"让孩子自主选择，自由探索，才能更好地激发他们的创造力！"方莉说。

第三，靠激发孩子的内在动力来克服自身的"顽疾"。方莉的儿子在上小学高年级时沉迷于电子游戏，这使她十分头疼。像有的家长那样，用高压的办法来阻止他玩电子游戏吗？不行，家长用的"子弹"越猛往往败得越惨，必须要启发他自觉避开这一"雷区"。方莉苦苦思索，忽然灵感来了——儿子作文一向写得很好，他曾表示要将自己的成长过程写一本书。一天，她叹了口气对儿子说，如果你能控制自己，少玩电子游戏，等把书写完再玩，仅凭戒除这一"毒瘾"，你的书一定会很精彩。儿子沉思了一会儿说："OK，我能做到。”此后，儿子经常把写好的故事念给她听。这时，她从不会忘记称赞儿子。这不仅融洽了母子关系，慢慢地儿子对电子游戏也就没什么兴趣了。

为激励、引导儿子学习，她有时还假装对有些问题不懂，时常向他“请教”。为“指导”妈妈，儿子学习更勤奋了。终于他像两个姐姐一样，顺利考进哈佛大学。

方莉的三个孩子都是有缺点的。她的二女儿在小学是个“留级生”，小儿子一度沉迷于电子游戏，这都被一般家长视为可怕的毛病。但方莉是位优秀的母亲，她有“火眼金睛”，并且心胸宽广，能挖掘出隐藏在孩子骨子里的“专长”，将其从他们的天性中引导出来，发扬光大，用以战胜缺点，使之成为他们成长过程中的主导力量。

发掘、引导、肯定、赞美，这8个字是师长们引领孩子成功的重要法宝。

二、改正孩子不同类型缺点的办法

应如何对待孩子身上不同的缺点呢？

其一，爱迪生、小豆豆类型。体现在爱迪生、小豆豆他俩身上的所谓“缺点”和实际上的优点是共生的，只是看他们的角度不同，才得出截然相反的结论。傲慢、狭隘的老师，把孩子成绩差、爱提问题、话多，说成是淘气。因此，这样的“坏孩子”，应开除出校。他们充满慈爱之心的妈妈，则认为他们的孩子很可爱，绝不放弃自己的孩子。最后，两个孩子终成大器！

其二，方莉孩子类型。方莉的三个孩子，缺点和优点、短板和强项都非常明显。方莉的高明之处在于：她能发掘他们身上容易让人忽略的优点，全力培养，最后用强项抑制短板，从而主导人生，使他们一个接一个走向成功之路。

其三，单一缺点类型。还有一种情况，就是放下孩子“专长”不论，单就他们身上明显的确实需要改正的某些缺点，家长应如何帮助他们改正呢？我们讨论过，对于孩子的缺点，家长带有怒气的斥骂，是有害无益的下下策；出于善意的训诫，也是招致反感和抵触情绪的下策，出于好心的劝慰和提醒，只要达到絮烦唠叨的程度，招来的回报也是讨厌！

到底用哪种办法好呢？请看下面三位仁者的高明做法。

冰心

著名作家冰心教育女儿放飞小鸟的故事，颇耐人寻味：

冰心启发女儿放飞小鸟

一天傍晚，冰心年幼的女儿吴青抓住一只小鸟兴高采烈地回家了。冰心问女儿：天晚了，你在外面最想做什么？女儿回答：最想回家。妈妈又问：回家最想见谁？女儿答：最想见妈妈。妈妈说：天黑了，小鸟也想回家见妈妈了。于是，女儿放飞了小鸟。

吴青如今也是一位老人了，这则故事是她本人前不久写的，可见对她影响之深远——妈妈温柔的启发，当时一定震撼了她幼小的心灵。如果妈妈当时以斥责的话语命令她放飞小鸟，对孩子的影响又会是怎样的呢？这太值得今天的我们深思了。

马叙伦

著名教育家马叙伦说："对于那些犯错误的学生，我们不要总是批评。我们要相信，温和远比粗暴更能打动人心。"对此，他身体力行。1922年，他出任浙江省立第一师范学校校长。一天，他听到一位教授在厉声批评一位学生。经了解，是这位学生上午最后一节课逃课。校长和蔼地问学生是怎么回事。原来，这位学生来自农村，饭量很大，上午最后一节课饿得心发慌，他就提前到食堂打饭吃了。听完学生的话，他自责地说："学校不能让同学们吃饱饭，是我做校长的失职。我决定，将午饭的时间提前半小时。同时米饭加量不加价。"

马校长的话深深感动了这位同学，他今后能不很好地遵守课堂纪律吗？

王志

这虽然是一则成人故事，但也能给我们以启迪。

央视主持人朱迅曾说过自己的一个小故事：她刷牙挤出牙膏后从来不盖牙膏盖，父母一直批评她，但直至出嫁，她也没改掉这个毛病。婚后丈夫王志——也是她的同事——发现了她的这个毛病，只说了一句："你如果能把牙膏盖子盖好，我会更爱你。"结果很神奇，她居然改掉了这一多年的毛病。

尽管动机一样，但责怪式的批评与劝慰式的激励，产生的效果却迥然不同——原因是:这世上没有人愿意听训诫也没有人能拒绝鼓励和表扬,本书第一章第六节所写的陶行知的“四颗糖”育人故事,是化批评为表扬,从而促使学生知错认错改错的典型范例。

2021 年 2 月 25 日《中国教育报》刊发了题为《亲子之间如何非暴力沟通》的文章。文章引用了非暴力沟通资深培训师李夏的话:“豺狗因为个子小,一般视野狭隘,选择有限,凡短兵相接,往往只会选择战斗或逃跑;而长颈鹿个子高,视野开阔,选择很多。遇到强大的对手,可以预警早逃;遇到一般的对手,因为早有预料,有办法消弭争端,以化解负面情绪,从而不会产生暴力行为。”

家长在处理亲子关系时,应该向长颈鹿学习。

李夏指出,假设孩子玩了三个小时手游,父亲用豺狗般的语言指责孩子:“你要玩到什么时候!”“说了多少遍都不听!”这时孩子往往也会用豺狗般的语言进行回击,或者充耳不闻继续玩。但如果父亲用长颈鹿式的语言表达感受和需要,比如说“我看你玩了三个小时游戏,真担心你的眼睛受不了,可不可以出去走走?”这样孩子能感受到父亲的善意,可有效避免亲子矛盾。

豺狗视野狭隘,长颈鹿视野开阔

《科教新报》(2021年1月6日)有一篇文章叫《孩子犯错,请问这五句话》。第一句:“发生了什么?”第二句:“你感觉怎样?”第三句:“你想怎么做,有什么办法?”第四句:“你希望我做什么?”第五句:“下次再遇到这样的事,你怎么选择?”

把劈头盖脸式的批评指责改为温和的关心启发,实属高明!

第六节　慎言教，重身教

一、用农民种庄稼的心态对待孩子

孩子来到人间，只有极个别患有生物学意义上的“缺陷”，他们中无一人带有社会学意义上的“缺点”，因为“人之初，性本善”！只是逐渐长大后，才有“习相远”的说法。随着家庭环境、社会环境等施加影响，他们才慢慢学“坏”。有位智者说，对待孩子的缺点，父母应有农民的心态——庄稼长不好，种田人是不会责怪庄稼的，他一定要首先反思自己：施肥不到位？灌溉不及时？然后纠正自己的错误，积极采取补救措施，以使禾苗茁壮成长。孩子有了毛病，父母首先要反问自己：“身教”如何？我们是不是给了孩子什么不好的影响？然后，先从纠正自己的毛病开始。孩子原本从你身上学到的毛病，你无动于衷，却教导他说，你的缺点有一、二、三。你应该这样改正：一、二、三。这如同傻透了的农民面对着枯黄的禾苗说，你应该这样长：一、二、三。偷懒的农人，不纠正自己种庄稼敷衍的毛病，说一千道一万，最后禾苗还是要枯萎。

“慎言教”的意思是，其一，“言教”的选择性。像“红灯停、绿灯行”，“尊老爱幼”，等等，这些法规和习俗，家长是应该“言教”的。但孩子是否在实践中遵守法规和养成良好的行为习惯，主要还是看家长的表率作用。其二，孩子身上一些常见的缺点，例如，不守时、做事拖拉、唯我独大、不替他人着想、缺乏同情心，等等，家长应反思自身是否也有这些类似的毛病，如果有，哪怕是隐蔽性的，也应该先从改变自己开始。给孩子立规矩，家长应先自律。家长的言行举止，完全符合社会道德规范，甚至成为人们学习的榜样，则孩子的“病”会不治自愈。其三，控制“言教”的时间和频率。“哈佛妈妈”方莉是想好话题，每天只讲 5 分钟。

二、孩子如何成长，父母做好自己是关键

《广州日报》2018 年 11 月 26 日刊发一篇题为《家的向心力》的文章。文章介绍美国交通部原部长赵小兰所受的家庭教育。

他姊妹 6 人见到家中来客，必出来打招呼，而且脸上要露出真诚的微笑。家中宴请宾客，女儿们端茶上菜，站在旁边。其母朱木兰说，这又何尝不是一种训练？门前 37 米柏油路，是父亲赵锡成博士指挥姊妹几个亲手铺成的。朱木兰说，家园，家园，这个园地是一家人的，每个人为家贡献了心力，才懂得爱这个家。家才能兴旺发达，子女也自然能够成才。

据说，赵小兰是美国历史上第一位进入内阁的华裔。她的成功，显然是与父母的榜样作用及严格的家庭教育密不可分的。

可能有人会说，笔者举的例子都是名人，是高级知识分子，一般家长教育孩子达不到他们那样的高度。其实，教育孩子成功与否与是不是名人、文化程度高低没有直接的关系，笔者再介绍两位靠出卖苦力成功养育孩子的妈妈。

2019 年 9 月 12 日《今日女报》刊载一篇文章：《713 分清华男生：不谢贫穷谢母恩》。

文章介绍了两位伟大的母亲。第一位是清华男生林万东的母亲孔大桃，他们家住在云南大山深处。孔大桃靠在建筑工地和泥

林万东到清华大学报到前还在建筑工地打工

沙、背砖头供3个孩子上学，并给丈夫和公公治病。林万东在去清华大学报到之前，也在建筑工地打工。第二位是以707分考取北大的寒门女孩王心怡的母亲。王心怡写有一篇名为《感谢贫穷》的文章。此文用大量篇幅描写了带领她战胜贫穷的妈妈。她身体不好，但一个人撑着家。她日夜操劳，用一辆破旧自行车接送两个孩子上学，带他们下地干农活。这样的妈妈，她们不会说教，也不需要说教。她们只会埋头做，做到极致。《今日女报》在文章的最后写道："世间万书，比不上'妈妈'这本书。妈妈的味道、神态、语调、品行、为人、修行，是孩子的起点。给孩子上那么多补习班，不如做好自己。因为名次和分数总会消逝，唯有妈妈内心闪光的灵魂，历久弥新，熠熠生辉。"

到此为止，如何当父亲做母亲，应该是很明白了。

英国著名教育家斯宾塞说："父亲在身体、气质和思维上的特点，很容易被孩子当作心中的偶像。孩子也总从父亲身上获得面对外部世界的信心。父亲，是孩子通往外部世界的引路人，好的不好的都影响巨大。"

台湾著名脑科学家洪兰博士指出："从人类进化角度看，女性的情绪能量远远超过男性。母亲是家庭的灵魂，母亲快乐全家快乐，母亲焦虑全家焦虑。孩子是通过母亲的情绪了解这个世界的。"

三、再谈父母的榜样作用——从大处着笔，从小事做起

教育孩子应该从大处着笔，从小事做起。

所谓从大处着笔，是指父母首先应以积极乐观的人生态度来影响孩子。父母应和善、大度、豁达，有积极向上的进取心和顽强奋斗的意志力。父母虽是平凡的人，但在平凡的工作岗位上，都取得了优秀的成绩，让孩子以父母为骄傲，他也必以父母为榜样，这对孩子的影响是终生的。相反，消极悲观、牢骚满腹的父母，对孩子成长的伤害，也是终生的。

所谓从小事做起，是指榜样作用应体现在日常的小事之中。比如：家中是杂乱无章，还是收拾得有条不紊；大人的作息，是毫无规律，还是按章守时；一日三餐，是图方便随意从外面买现成的饭菜，还是在家里做营养餐，定时陪着孩子一起享用；下班后，父母是玩游戏、打牌，还是坐在书桌前读书或干家务；为改善家庭生活，是走歪门邪道，还是靠诚实劳动来慢慢积累财富；带孩子锻炼身体，是心血来潮忙一阵子，还是长年累月，持之以恒；为人处世，是媚上傲下，还是谦卑地对待长者和弱势群体，等等。

如果在这些方面，孩子效法父母，都做得很优秀，不管他今后毕业于何校，也不论他从事何种行业，他一准能做出让世人惊艳的成绩，一定会成为一名受人仰慕的幸福之人！

为了一再强调父母榜样作用的惊人力量，在本书即将收笔之时，笔者再向读者推荐两则成人“敬老”和“虐老”的故事。

故事一　中央电视台有一则公益广告：

一位男子端来一盆水，蹲着给父亲洗脚。一天，不经意间，他的儿子吃力地端着一盆水喊道：“爸爸，洗脚！”

这凸显了“身教”的巨大影响力！

故事二　欧洲中世纪有一则广为流传的民间故事：

有个恶汉，虐待自己的老父亲，将其撵出家门，使之在外流浪。天冷了，老人回家哀求儿子，给他一床御寒的棉被。这个男子吩咐自己的儿子到马棚里，将垫在马背上的破褥子拿给他。孩子从马棚回来了，只将那褥子剪了一半递给老人。那男子不解，孩子解释说：“剩下的一半，留着以后给你呀！”

这也凸显了“身教”的巨大影响力！

我国现代著名教育家陶行知先生关于儿童教育“六解放”的声音言犹在耳：“解放儿童的头脑，使他们能想；解放儿童的双手，使他们能干；解放儿童的眼睛，使他们能看；解放儿童的嘴巴，使他们能谈；解放儿童的空间，让他们到大自然、到社会去扩大视野；解放儿童的时间，使他们多学一点感兴趣的东西，多干一点高兴干的事。”

凡解放彻底的孩子，其人生成功的可能性就更大。

《中国妇女报》曾刊发杨杰先生的一篇题为《对孩子最好的教养是父母永不放弃自我成长》的文章。

杨杰写道：“我始终觉得，教育的方法和技巧，只是孩子成才的冰山一角。有时候，孩子的教育，拼的是父母的功底，拼的是父母的处世态度和人生感悟”，“教育孩子的王道，始终是执着地栽培自己。所以，我敬重那些勤奋好学、永不放弃自我成长的父母”。

后　记

贾平凹先生《庙里的小学》一文，勾起了我儿时在庙里上小学的回忆。他对启蒙老师的怀念，勾起了我对启蒙老师的思念。由此，才有了我对那时如父如母般老师润物细无声的“德育工作”的无限留恋。读了莫言先生的《哭》一文，我感同身受，才有了对“以阶级斗争为纲”的年代里学校思想政治工作的反思。王蒙先生的《人生就是生命的燃烧》所体现的思想，正是本书所归纳的比高考更重要的“人生六道坎”内容的概括和提升。

叶澜先生的谈话，赵刚先生的文章，袁振国先生的研究报告，储朝晖先生的研究成果，等等，都有相当篇幅为本书所采用。此外，本书还收集了古今中外众多的案例。

本书架构的搭建，中心思想的确立以及较丰厚的内涵，较强烈的对照效果，它的可读性和感染力，都得益于诸位作家、专家学者及众多案例提供者的帮助，从这个意义上讲，本书不是笔者的“独著”。

笔者在此对上述诸位先生表示诚挚的谢意！

在本书即将付梓之际，笔者拜读了苏北先生的大作《中国教育何以偏航》，载于2021年第3期《半月谈》（内部版）。强烈的共鸣，驱使笔者不由自主地借“后记”的版面向广大读者推荐这篇佳作。

该文首先指出，教育的功能在于“呵护生命的本真”。

“生命展开的是多样的可能性和无限的丰富性：自然的感知、知识的汲取、人际的融洽、思维的成长、情感的润泽、意志的磨炼、审美的涵养、德性的生成、公民意识的淬炼、社会文明的濡染……

教育育人，就是要把一盏盏智慧之灯点亮，将一叶叶生命之舟放流。”然而，我们时下的教育没有这样做，而是“在升学率导向的社会攀比中，言之谆谆的素质教育，或被有意地束之高阁，或被精巧地纳入应试教育的套路之中。最响亮的口号，往往停留在了最粗浅的表面。我们为什么如此执着地坚守单一的应试思维，非要将孩子们活泼泼的生命纳入一个个日益狭窄的成长茧房呢?”

其次，该文论及了“解放生命的成长”。

“生命的本质是生长而不是复制。生长是一种发育，它呈现的样态是自然的、自由的、自主的。中国教育一大弊端是来自外界的期望太高、干预太多、压力太大。突破传统教育理念的束缚，把尊严感和自信心还给孩子，把自由选择的机会和自主生长的权利还给孩子，充分释放孩子们与生俱来的内在生命力，帮助每一个学生更顺利地发现自己、打开自己、成就自己，这是人才建设的基础工程，也是中国教育的迫切课题。”

再次，该文论及的第三个问题是“充盈生命的力量”。

“知识、能力、素养，标示着教育不同的向度。中国教育所期冀的转型，正是从灌输知识到培养能力再到培养学生综合素养的进步。”接着，作者“从素养的视角”，就“信念”“价值”“情感”三方面，论述为什么和如何“充盈生命的力量”。

最后，苏先生强烈呼吁和殷切期盼的是：“呵护健康、快乐、多彩的童真，解放自主、独立、创新的生长，充盈信念、价值、情感的力量，可以帮孩子看清岁月长河中那些引领前行的航标，一叶叶生命之舟就可以扬起风帆，更为通畅地驶向那一个个属于他们自己的远方。”

在中共中央、国务院《方案》的指引下，但愿苏先生的摇旗呐喊，在拨正中国教育航向的斗争中，能冲锋在前，以引领有识之士，共同向中国教育的“顽瘴痼疾”开炮，并取得决定性胜利！

倘若本书的出版发行，能在这场战斗中尽绵薄之力，笔者将无比欣慰！

本书的写作，得到了合肥幼儿师专、安徽明珠学校、安徽新华学校、安徽新华学院、安徽文峰教育集团等院校的有关领导和师生的指导和支持，得到了淮南市教育局、淮南市潘集区教育局、宁夏回族自治区中卫市教育局、淮南市青少年校外教育协会、墨浪作文以及淮南实验中学、淮南七中、淮南二十六中、淮南市潘集区实验中学、潘集区第一小学和潘集区田集中心学校等单位的有关领导和老师的指导与帮助。在此一并致谢！

此外，应特别感谢淮南师范学院（前身为淮南师专）。这是我工作几十年直至退休的单位。没有现任院领导及早期毕业的校友的帮助和支持，本人是不容易完成这部著作的。从本书写作构思、中心思想的确立，到深入中小学校调研、采集素材，直到书稿的多次修订，都得到了奋斗在各地教育战线的许多校友的热情支持和大力帮助。

黄山书社的张月阳编辑校勘了全书的资料，纠正了不少错误，增补了笔者疏漏的一些资料，使得有些表述更为精准。张编辑的敬业精神深令笔者感动和敬佩。

本书的插图是由淮南师范学院美术与设计学院的同学在老师的指导下完成的。淮南师范学院教育学院在 3 年前曾为笔者讲授“生存学”提供了讲台，这对本书的完成起到了很好的促进作用。

再次向他们表示诚挚的谢意！

图书在版编目（CIP）数据

少年儿童健康成长面面观 / 郑敬畴著. 一合肥：黄山书社，2022.3

ISBN 978-7-5737-0136-7

Ⅰ.①少… Ⅱ.①郑… Ⅲ.①儿童教育一研究 Ⅳ.①G61

中国版本图书馆 CIP 数据核字（2022）第 040032 号

少年儿童健康成长面面观 郑敬畴 著

SHAONIAN ERTONG JIANKANG CHENGZHANG MIANMIANGUAN

出品人 贾兴权
责任编辑 张月阳
装帧设计 李 昕
插 图 赵安琪等
出版发行 时代出版传媒股份有限公司(http://www.press-mart.com)
黄山书社(http://www.hspress.cn)
地址邮编 安徽省合肥市蜀山区翡翠路1118号出版传媒广场7层 230071
印 刷 合肥春晖印务有限公司
版 次 2022年4月第1版
印 次 2022年4月第1次印刷
开 本 700 mm×1000 mm 1/16
字 数 135千字
印 张 12.75
书 号 ISBN 978-7-5737-0136-7
定 价 40.00元

服务热线 0551-63533706
销售热线 0551-63533761
官方直营书店(http://hsssbook.taobao.com)